W0305704

MIT LIEBE BACKEN
UND MOMENTE
DER FREUDE
SCHENKEN

falkemedia

Basis-Backbuch

Lieblingsrezepte für Thermomix®

1. Auflage
falkemedia GmbH & Co. KG

Von den Machern der
mein ZauberTopf

INHALT

EASY

EINFACHE REZEPTE MIT WENIGEN ZUTATEN SIND EXTRA GEKENNZEICHNET

VORWORT

DA STECKT LIEBE DRIN

EINFACH GUT BACKEN

In der eigenen Backstube sollen kleine und große Leckereien entstehen, die easy gelingen und vor allem auch gut schmecken – das ist unser Anspruch bei mein ZauberTopf. Ob zum Nachmittagskaffee, für das Sonntagsfrühstück oder den Geburtstag – selbst gemachte Kuchen, Kekse und Torten sind für uns nicht allein ein willkommener Genuss, sie sind auch ein Zeichen von Liebe. Denn wer selbst backt, macht anderen eine Freude und sorgt für einen Moment des Innehaltens.

Der Thermomix® ist ein zuverlässiger Backhelfer. Er bereitet Zutaten mit Leichtigkeit vor – zerkleinert, schmilzt, rührt und pulverisiert wie ein Profikonditor und wiegt, mahlt und knetet zudem wie ein Bäckermeister. In diesem Backbuch zeigen wir euch, wie ihr die Talente eures Zaubertopfs geschickt nutzt, um wunderbare Backergebnisse zu erzielen. So entstehen mit unseren Rezepten und Tipps luftige Teige, geschmeidige Cremes, knusprige Streusel und vieles mehr.

In diesem umfangreichen Basis-Backbuch findet ihr vorab einen großen Ratgeber mit wertvollen Kniffen für das Backen mit dem Thermomix®, anschließend beginnt jede Rubrik mit einem Themenratgeber. Hier findet ihr sowohl Rezepte für die Grundteige, die blau markiert sind, als auch Basis-Rezepte für alle wichtigen Füllungen und Toppings. Für einzelne Arbeitsschritte lohnt sich der Blick in die Kurzanleitungstabelle ab Seite 254 – mithilfe der Stufen- und Zeitangaben könnt ihr auch eure eigenen Lieblingsrezepte mit dem Zaubertopf zubereiten.

Viel Spaß beim Mixen und Genießen wünscht
eure mein ZauberTopf-Redaktion

ZAUBERTOPF-REZEPTE

>EIER Wir verwenden Eier der Größe M und vorzugsweise Bio-Eier aus Freilandhaltung. Ihr Gewicht, ihre Masse und ihr Geschmack passen zu allen Gebäcken.

>MEHL Wir verwenden, sofern nicht anders angegeben, Weizenmehl Type 405. Alternativ könnt ihr immer auch Type 550 verwenden.

>SPEISEÖL Beim Backen verwenden wir vorrangig Sonnenblumenöl, da es geschmacksneutral ist. Werden andere Öle verwendet, kann sich dies aufs Aroma auswirken.

>ZITRUSFRÜCHTE Wir verwenden unbehandelte Bio-Zitronen, denn sowohl der Saft als auch die Schale bzw. die Zesten geben intensive Aromen ab. Um die Schale bedenkenlos verwerten zu können, sollte sie unbehandelt sein.

>MITHILFE DES … Bei dieser Angabe wird der Spatel bis zu seinem Kragen in die Deckelöffnung des gehalten. Dadurch werden die Zutaten immer wieder zurück zum Messer bewegt.

>MIT DEM HERUNTERSCHIEBEN
Bei dieser Angabe werden Zutaten vom Rand des wieder zurück zum Mixmesser geschoben, sodass sie im nächsten Mix-Durchgang ebenfalls mit verarbeitet werden.

IDEALE TEMPERATUR VON ZUTATEN

Zimmertemperatur:
18–20 °C für alle Rührteige, Hefe- und Keksteige
Kühlschranktemperatur:
6–8° C für Schlagsahne, Eischnee, Baisers

BACKEN WIE DIE PROFIS

>STÄBCHENPROBE
Nach der Backzeit lohnt sich dieser einfache Test, um das Ergebnis zu überprüfen. Für eine Stäbchenprobe eignen sich Zahnstocher, Schaschlikspieße oder auch ein scharfes dünnes Messer. Stecht mit dem Werkzeug so tief wie möglich in die Mitte des Gebäcks. Haftet noch roher Teig daran, muss die Backzeit verlängert werden. Haftet kein Teig mehr daran, ist das Gebäck gar.

Hinweis: Bei einigen Backwaren wie Brownies oder Lava Cakes soll der Kern noch leicht klebrig bzw. sogar flüssig sein. Hier muss das Stäbchen noch Teigreste aufweisen.

>BACKFORMEN VORBEREITEN
Um Gebäcke nach dem Backen oder Garen gut lösen zu können, empfiehlt es sich, die Backform zu fetten. Dafür eignen sich Butter, Margarine, Speiseöl oder auch Trennfett (siehe Seite 10). Auch ein anschließendes Bestäuben der Oberfläche mit Mehl oder Grieß erleichtert das Lösen der Gebäcke.

Einen Springformboden bespannen wir mit einem Bogen Backpapier. Dafür den Bogen auf den Boden legen, darüber den Springformrand setzen und dann festziehen. So wird das Papier straff gespannt. Nun braucht ihr nur noch den Formrand zu fetten.

>PORTIONIEREN Rühr- und Keksteige für Waffeln, Muffins, Cupcakes oder Cookies lassen sich mit einem Eisportionierer besonders einfach aus dem entnehmen. Zusätzlich hilft der Portionierer, gleichmäßige Mengen zu entnehmen, die immer gleich lang garen. Mit dem Helfer gelingt auch das saubere Befüllen kleiner Muffinförmchen gut.

SMARTE HANDGRIFFE FÜR DEN ZAUBERTOPF

>3 TRICKS ZUM LÖSEN VON TEIGEN

TEIG-TRICK 1 Um Teige aus dem zu lösen, diesen umdrehen und an der Rückseite des Mixmessers drehen. Ein Hilfsmittel, der sogenannte TeigTwister®, dient genau diesem Zweck: Mit ihm lässt sich die Rückseite des Messers einfacher greifen. Ihr findet den Helfer in unterschiedlichen Ausführungen und Farben unter www.zaubertopf-shop.de.

TEIG-TRICK 2 Sind noch Teigreste im Topf, gebt 1–2 EL Mehl hinein und wählt **2 Sek. | Turbo**. So werden die Teigreste trocken und krümelig und ihr könnt sie leicht entnehmen.

TEIG-TRICK 3 Mit einer Vorwäsche lassen sich auch festsitzende Teigreste aus dem lösen. Wasser bis zur Füllmarke 500 ml und 1 Tropfen Spülmittel in den geben und nach der Faustregel „6–60–6“ mit der Einstellung **6 Min. | 60 °C | Stufe 6** alles lösen.

>DER RÜHRAUFSATZ

Verwendet ihr dieses Zubehör, setzt es fest auf das Mixmesser auf, er rastet dabei etwas ein. Verwendet den Aufsatz zudem stets nur bis Stufe 4. Bei höheren Umdrehungen kann er sich vom Messer lösen.

>3 TIPPS ZUR WAAGE

WAAGE-TIPP 1 Die Waage des Thermomix® ist sehr präzise und reagiert daher empfindlich auf Berührungen oder Bewegungen am und außerhalb des Thermomix®. Für ein genaues Ergebnis achtet darauf, dass ihr das Gerät während des Backens nicht verschiebt. Sollte dies nötig sein, verwendet besser ein Gleitbrett, das die Waage generell schont.

WAAGE-TIPP 2 Schlagt nichts auf dem Rand des ab oder auf – weder Löffel, Spatel und Rühraufsatz noch Eier oder Ähnliches. Das kann nämlich die Funktion der Waage beeinträchtigen.

WAAGE-TIPP 3 Denkt daran, dass sich die Gewichtsangabe auf dem Display ändert, wenn ihr den Deckel vom nehmt oder aufsetzt. Diesen Handgriff besser nicht im Waage-Modus durchführen, da das feste Zudrücken das sensible Element stören kann.

>MEHRZWECK-DECKEL

Zutaten-Zugabe: Durch die Deckelöffnung eures Thermomix® könnt ihr Zutaten zugeben, ohne den Deckel vollständig zu öffnen. Das funktioniert auch während des Kochvorgangs.

Deckelöffnung als Maß: Beim Zugeben von Zutaten gilt: Sie sollten immer durch die Deckelöffnung passen. Butter in Stücken, Schokolade in Stücken oder auch Obst in Stücken sollte entsprechend klein geschnitten sein. Dann schafft das Messer das Zerkleinern einwandfrei.

Einrieseln bzw. einlaufen lassen: Für langsames Zugeben von Zutaten wie Öl, Wasser mit Speisestärke oder Zucker, zum Beispiel für Curds, angedickte Fruchtsoßen oder Baisers, helfen Deckel und Messbecher. Am Messbecher können diese Zutaten vorbeilaufen. Dies geschieht zudem, weil der Deckel trichterförmig zur Mitte zuläuft.

Eiertrenner: Wenn ihr nur das Eiweiß in den geben wollt, setzt den Messbecher ein und gebt das Ei auf den Deckelrand. Das Eiweiß fließt am Messbecher vorbei in den Topf, das intakte Eigelb bleibt obenauf liegen. Dieses könnt ihr dann in eine Schale abgießen. Braucht ihr das Eigelb, führt ihr diesen Trick mit dem Deckel vom über einer Schüssel liegend durch.

PRISEN UND PÄCKCHEN

- **1 PRISE:** 1–2 g bzw. Menge, die zwischen Daumen- und Zeigefingerspitze passt
- **1 MESSERSPITZE:** 3 g bzw. Menge, die auf die Spitze eines Messers passt
- **1 PÄCKCHEN BACKPULVER:** 15 g
- **1 PÄCKCHEN VANILLEZUCKER** – durch **2 TL** selbst gemachten Vanillezucker ersetzen

BASIS-REZEPTE

Die Rezepte dieser Seiten könnt ihr für die Zubereitung eurer eigenen Lieblingsrezepte im Thermomix® verwenden

BUTTERCREME

Die auf Pudding basierende Creme wird traditionell für Frankfurter Kranz gebraucht. Auch für andere Schichttorten kommt sie zum Einsatz. Für 900 g Creme bzw. eine Torte 500 g Milch, 100 g Zucker, 1 TL Vanillezucker, 30 g Stärke und 1 Ei, in den geben, **7 Min. | 100 °C | Stufe 4** kochen, sofort umfüllen und abkühlen lassen. Gelegentlich umrühren, damit sich keine Haut auf dem Pudding bildet. Nun 200 g weiche Butter in Stücken in den geben und den zimmerwarmen Pudding durch die Deckelöffnung bei **Stufe 3** langsam zufügen, dann etwa **30 Sek. | Stufe 3** verrühren.

GANACHE

Diese Creme besteht nur aus Schokolade und Sahne. Durch das langsame Schmelzen der Schokolade in warmer Sahne wird die Creme cremig und glänzend. Der Thermomix® sorgt dafür, dass sich die zwei sensiblen Zutaten zu der homogenen Masse verbinden, was durch gradgenaue Temperatur und ständiges Rühren gelingt.

300 g Zartbitterschokolade, in Stücken, in den geben und **8 Sek. | Stufe 8** zerkleinern und mit dem nach unten schieben. 150 g Sahne zufügen und **6 Min. | 40 °C | Stufe 2** schmelzen.

VERWENDUNG: Die Ganache ist leicht abgekühlt gut streichfähig und kann zum Garnieren von Torten, Cupcakes und Tartes bzw. Tartelettes verwendet werden.

EISCHNEE

Den Rühreinsatz einsetzen. 4 Eiweiß mit 1 Prise Salz in den fettfreien geben und **4 Min. | Stufe 3,5** steif schlagen. Den Eischnee bis zur Verwendung kalt stellen.

WOHIN MIT FRITTIERFETT & -ÖL

Frittierfette nehmen bei jedem Gardurchgang Geschmack vom Gargut auf. Es kann daher bis zu dreimal wiederverwendet werden. Danach vollständig auskühlen lassen und zurück in das Gefäß füllen, in dem ihr es gekauft habt. Ansonsten verwendet ihr eine stabile Plastiktüte, die ihr dann in den Restmüll gebt. Festes Frittierfett kann in alte Zeitung gewickelt dem Restmüll zugeführt werden.

BACKTRENNMITTEL

Um Gebäck einfach aus Formen zu lösen, könnt ihr Backtrennmittel selbst zubereiten. Es besteht aus nur 3 Zutaten: Kokosfett, Rapsöl und Mehl.

Für 1 Glas Backtrennmittel 150 g Kokosfett, 150 g Rapsöl und 150 g Mehl in den geben und **2 Min. | Stufe 4** vermischen. Die Masse in ein Schraubglas umfüllen und im Kühlschrank aufbewahren. Nach Bedarf Backformen vor dem Befüllen damit fetten. Das Fett hält etwa 3 Monate.

SCHLAGSAHNE

Rühraufsatz einsetzen, 500 g kalte Sahne (mind. 30 % Fett) in den kalten geben, **Stufe 3** ohne Zeiteinstellung auf Sichtkontakt schlagen. Das heißt: Zwischendurch die Festigkeit prüfen. Hat man das ein paarmal gemacht, hört man schon, wenn die Sahne fest ist. Für länger anhaltende Festigkeit – zum Beispiel in Biskuitrollen – über die Deckelöffnung nach und nach den Inhalt von 1 Päckchen Sahnesteif zugeben.

Zum Aromatisieren könnt ihr je 200 g Sahne mit 2 TL Vanillezucker oder etwas Zitronensaft und -zesten abschmecken. Auch Zimtzucker, Mohn, zerdrückte Beeren oder andere Zutaten könnt ihr unterheben.

STREUSEL

Für 1 Portion Streusel 300 g Mehl (nach Belieben noch 50 g kernige Haferflocken) mit 80 g Butter und 100 g Zucker im **10 Sek. | Stufe 4** krümelig mixen. Die Streusel könnt ihr vor dem Backen auf nahezu jedes Gebäck geben, z. B. auf Käsekuchen, Hefe-Blechkuchen, Zimtschnecken, Obst- oder Kastenkuchen. Ihr könnt sie auch portionsweise einfrieren. Bei Bedarf auf das Gebäck streuen und mitbacken.

EASY CRUMBLE: Gebt Obstücke in eine Auflaufform, die Streusel darüber, backt alles bei 180 °C etwa 30 Minuten, fertig ist der heiße Obst-Crumble!

MEHL

Für 200 g Mehl 200 g Getreidekörner in den geben und **1 Min. | Stufe 10** mahlen. In ein luftdichtes Gefäß umfüllen. Benötigt ihr mehr als 200 g Mehl, immer nur portionsweise maximal 300 g pro Mahlvorgang mahlen und umfüllen.

TIPP: Noch feiner wird das Mehl, wenn die Getreidekörner angefroren sind.

Empfehlung: Wer häufig Getreide oder Kaffeebohnen mahlt, nutzt das scharfe Mixmesser stärker ab als mit üblichen Lebensmitteln. Das kann dazu führen, dass die Schnittergebnisse beim Kochen schwächer werden. Dann lohnt es sich, ein zweites Messer von Vorwerk zu kaufen. Eines dient dann zum Kochen und Zerkleinern von Gemüse & Co., das andere ausschließlich zum Mahlen von Getreide oder Kaffee.

ZUCKER VERARBEITEN

PUDERZUCKER

Maximal 200 g Zucker pro Durchgang **15 Sek. | Stufe 10** pulverisieren. In ein luftdichtes Gefäß umfüllen und bis zur Verwendung trocken lagern.

VANILLEZUCKER

200 g Zucker und 1 Vanilleschote in den geben und **20 Sek. | Stufe 10** vermengen. In ein Schraubglas umfüllen. 2–3 Wochen ziehen lassen, gelegentlich schütteln. Wie herkömmlichen Vanillezucker verwenden.

ZUCKERGUSS

200 g Zucker in den geben und **20 Sek. | Stufe 10** pulverisieren. Mit dem nach unten schieben. 1 Eiweiß und 5 Tropfen Zitronensaft (oder anderen Saft nach Wahl) zufügen und **10 Sek. | Stufe 6** vermengen. Nach Belieben mit Lebensmittelfarbe einfärben und nach Bedarf verwenden.

OBSTKUCHEN

So macht ihr soften Obstboden, seidige Puddingcreme und fruchtigen Tortenguss im Thermomix® einfach selbst

FÜR DEN OBSTBODEN

Ofen auf 180 °C Ober-/Unterhitze vorheizen. Obstbodenform (Ø 28 cm) fetten, bemehlen. Beiseitestellen. 125 g weiche Butter, 100 g Zucker und 1 TL Vanillezucker in den geben, **5 Min. | Stufe 4** cremig rühren. Nach 2 Min. 3 Eier nach und nach durch die Deckelöffnung zufügen. 200 g Mehl, 1 TL Backpulver und 1 Prise Salz in einer Schüssel vermengen. Zutaten im weitere **3 Min. | Stufe 4** cremig rühren. Mehlmischung löffelweise abwechselnd mit 80 g Milch durch die Deckelöffnung geben. Teig in die vorbereitete Form geben. Im Ofen 25 Min. backen. Auf einen Kuchenrost stürzen und auskühlen lassen

FÜR DIE PUDDINGCREME

Den Rühraufsatz einsetzen. 200 g Sahne im ohne Zeiteinstellung auf **Stufe 3,5** unter Sichtkontakt steif schlagen, umfüllen, kalt stellen. 1 Vanilleschote längs halbieren, Mark herauslösen, beides mit 400 g Milch, 2 Eigelb, 50 g Zucker und 30 g Stärke in den geben, **15 Min. | 90 °C | | Stufe 2** aufkochen. Schote entnehmen, in eine Schüssel umfüllen. Mit hitzebeständiger Folie direkt auf der Oberfläche abdecken. Mind. 1 Std. abkühlen lassen. Sahne unterheben. Creme auf dem Boden verteilen.

FÜR DEN TORTENGUSS

25 g Stärke mit 30 g Zucker und 40 g Fruchtsaft glatt rühren. 210 g Saft in den geben, **6 Min. | 100 °C | Stufe 2** aufkochen. Nach der Hälfte der Zeit die Stärke-Mischung durch die Deckelöffnung geben. 600 g Früchte auf dem Boden verteilen. Den Tortenguss auf den Früchten verteilen, fest werden lassen, servieren.

4 OBSTBODEN-TIPPS

TIPP 1: Tortenböden einzeln verpackt tiefkühlen und so einfach vorbereiten.

TIPP 2: Zum Backen eignet sich eine passende Obstbodenform. Ihre Vertiefung entlang des Rands wird mit dem Teig befüllt, der nach dem Stürzen einen „Rahmen" bildet. Er hält Creme und Obst obenauf.

TIPP 3: Anstelle der Puddingcreme könnt ihr eine schnelle Mascarponecreme (Seite 132) mixen und auf den Boden streichen.

TIPP 4: Belegt den Boden mit frischem oder auch eingelegtem Obst aus dem Glas oder der Dose. So passt er zu jeder Jahreszeit.

SCHOKOLADENGLASUR

Kastenkuchen, Muffins oder Plätzchen – sie alle schmecken mit einer schokoladigen Glasur noch ein bisschen besser. Damit sie nach dem Festwerden nicht grau wird, sondern schön glänzt, hilft ein Stück Butter. So geht's:

Für das Glasieren von 1 Kuchen oder 12 Muffins 300 g Schokolade oder Kuvertüre in Stücken im [Mixtopf] **5 Sek. | Stufe 8** zerkleinern. 75 g Butter in Stücken zufügen und **5 Min. | 55 °C | Stufe 2** schmelzen. Guss auf das abgekühlte Gebäck gießen oder streichen und etwa 30 Min. aushärten lassen.

TIPP: Geschmolzene Schokolade hinterlässt im [Mixtopf] einen leichten Fettfilm. Daher lohnt es sich, gleich nach der Entnahme den [Mixtopf] mit 500 g Wasser und 1 Tropfen Spüli vorzuspülen. Dafür nach der Faustregel „6–60–6" mit der Einstellung **6 Min. | 60 °C | Stufe 6** Schokolade und Fett lösen.

ALTE BÄCKER-WEISHEIT

Lest jedes Rezept vor dem Beginn des Backens einmal vollständig durch. So könnt ihr zum einen prüfen, ob ihr tatsächlich alle Zutaten im Haus habt. Zum anderen stellt ihr sicher, dass ihr alle Schritte schon vorab im Kopf habt und wisst, was zu tun ist. Zudem hilft es, alle Zutaten bereitzustellen, damit am Schluss wirklich nichts ausgelassen wird. So sind euch Erfolge in der Backstube sicher!

GEBÄCK LAGERN, EINFRIEREN, AUFTAUEN

TROCKEN LAGERN: Trockene Kuchen und Gebäcke wie Rührteigkuchen und Muffins könnt ihr nach dem vollständigen Auskühlen in luftdicht verschließbaren Gefäßen mehrere Tage lagern.

SO BLEIBT'S SOFT: Cookies und Brownies sollen schön soft bleiben. Dafür einfach eine Scheibe Toastbrot oder anderes neutrales Brot mit in die Dose legen. Das Brot gibt seine Feuchtigkeit an das Gebäck ab. Brot nach 1–2 Tagen austauschen.

IM KÜHLSCHRANK: Gebäcke, die im Kühlschrank zubereitet wurden, sollten auch dort gelagert werden. Beispielsweise No-Bake- bzw. Kühlschrankkuchen. Sie halten hier mehrere Tage frisch. Auch Käsekuchen sollten nach dem vollständigen Auskühlen stets im Kühlschrank gelagert werden.

IM TIEFKÜHLER: Viele vorbereitete Bestandteile von Gebäcken könnt ihr einfrieren, so zum Beispiel Biskuitböden. Auch fertiggestellte Kuchen wie Streuselkuchen oder Hefegebäck lassen sich problemlos einfrieren. Grundsätzlich gilt: Erst vollständig auskühlen lassen. Dann portionsweise in Gefrier- oder Silikonbeuteln verpacken, beschriften, mit Datum versehen und drei bis sechs Monate einfrieren.

ROHE TEIGE: Rohe Teige sollten nur wenige Stunden im Kühlschrank gelagert und schnellstmöglich verbraucht werden, da sie rohe Eier enthalten. Diese rohen Teige sollten nicht tiefgekühlt und aufgetaut werden. Rohe verarbeitete Eier werden erst durch das Backen bei hohen Temperaturen keimfrei gemacht. Daher könnt ihr Gebackenes auskühlen lassen und dann einfrieren.

AUFTAUEN: Zum Auftauen von Gebäck dieses am besten am Vortag aus dem Tiefkühler nehmen, auspacken – damit sich kein Kondenswasser bildet – und im Kühlschrank langsam auftauen lassen. Am nächsten Tag verarbeiten oder servieren.

ERWÄRMEN: Obstkuchen, Hefegebäck und Waffeln schmecken warm besonders gut. Ihr könnt Gebäck im Ofen bei 150 °C je nach Größe 5–15 Min. erneut aufbacken. Waffeln könnt ihr z. B. auch im Toaster erwärmen. Tiefgekühlte Kuchenstücke und Waffeln könnt ihr auf gleiche Weise auftauen bzw. erwärmen.

RÜHRTEIG

Butter und Mehl, Eier und Salz, Zucker und Schmalz… Aus wenigen Grundzutaten entstehen die beliebtesten Kuchen

STATT WEIZENMEHL

Gute Alternativen zum herkömmlichen Weizenmehl Type 405 oder 550 sind Dinkelmehl Type 630, das besonders mild im Geschmack ist, oder auch Hafermehl, das ihr im Thermomix® rasch selbst mixen könnt. Dafür einfach 400 g Hafer im **5 Sek. | Stufe 10** mahlen und weiterverarbeiten. Beide Sorten könnt ihr 1:1 in Rührteigen einsetzen.

AUS DER FORM LÖSEN

Rührteigkuchen – das sind Kasten- und Blechkuchen, Gugelhupfe und Napfkuchen. Speziell bei runden Napf- und Gugelhupfformen mit dem „Kamin" im Zentrum ist die richtige Vorbereitung gefragt, damit sich das Gebäck nach dem Backen ohne Bruchstellen aus der Form lösen lässt.

1. EINFETTEN: Fettet die Kuchenform mit Butter, Margarine oder geschmacksneutralem Speiseöl und lasst dabei auch den „Kamin" nicht aus.

2. BESTÄUBEN: Gebt 2–3 EL Mehl oder Grieß in die Backform und schwenkt diese hin und her, bis die Oberfläche vollkommen bestäubt ist. Nun den Teig einfüllen.

FEINERES GEBÄCK

WENN IHR RÜHRTEIGKUCHEN NOCH FEINER MÖGT, TAUSCHT IN EUREN REZEPTEN 1/3 BIS MAX. 1/2 DER MEHLMENGE EINFACH DURCH SPEISESTÄRKE AUS.

BACKFETT

Im klassischen Rührteig kommt **Butter** zum Einsatz. Hier ist es wichtig, dass sie bereits Zimmertemperatur hat, dafür holt ihr sie am besten 1–2 Std. zuvor aus dem Kühlschrank. Denn: Zu harte Butter sorgt in der Verbindung mit Ei und Zucker für Klümpchen im Teig.

Margarine macht es euch leichter, weil sie von Natur aus streichfähig ist. Idealerweise schlagt ihr sie zunächst mit dem Zucker schaumig, ehe ihr die übrigen Zutaten in den gebt.

Auch **Speiseöl** könnt ihr verwenden. Greift zu einer geschmacksneutralen Sorte wie Sonnenblumenöl. Der Teig wird dadurch flüssiger, ggf. muss die Backzeit etwas verlängert werden.

KLÜMPCHEN IM TEIG?

Das passiert, wenn die Butter zu fest ist und sich daher nicht mit den Eiern und dem Zucker verbindet. Im Thermomix® schafft ihr es dennoch, noch einen homogenen Rührteig daraus zu machen. Erwärmt die Masse **5 Min. | 37 °C | Stufe 3**, um die Butter zum Schmelzen zu bringen, ohne dass die Eiermasse gerinnt. Anschließend erneut kurz und kräftig **5 Sek. | Stufe 6** aufschlagen.

EINFACH GUT

ALL-IN-TEIG

Die vielleicht schnellste und einfachste Art zu backen: „All in"! Das heißt, ihr wiegt alle Zutaten zusammen in den ein, kurz mixen und backen!

Backofen auf 180 °C Ober-/Unterhitze vorheizen, 120 g Weizenmehl Type 405, 1 Prise Salz, 2 TL Backpulver, 125 g Zucker, 2 TL Vanillezucker, 125 g weiche Margarine oder Butter, in Stücken, und 2 Eier in den geben und **10 Sek. | Stufe 5** mixen. Teig in eine Spring- oder Kastenform geben und 35–40 Min. goldbraun backen. Aus dem Ofen nehmen, 10 Min. in der Form abkühlen lassen, dann stürzen und vollständig auskühlen lassen.

Wer mag, rührt mithilfe des noch ca. 100 g Schokolinsen, Beeren oder Obststücke unter den Teig oder verziert nach dem Backen den Kuchen mit Creme und Früchten.

GLEICHMÄSSIG

Euer Kuchen geht beim Backen nicht gleichmäßig auf und er wölbt sich in der Mitte nach oben? Senkt etwas die Ofentemperatur und gebt eurem Kuchen mehr Zeit zum Backen. So kann sich der Teig gleichmäßiger erwärmen. 160 °C Ober-/Unterhitze sind oftmals schon ausreichend.

RAUMTEMPERATUR
FÜR EINEN GESCHMEIDIGEN RÜHRTEIG SOLLTEN ALLE ZUTATEN ZIMMERTEMPERATUR HABEN. DANN VERBINDEN SICH BUTTER, ZUCKER UND EIER PERFEKT.

VEGANER ERSATZ

Auch wenn ihr euch vegan ernährt, könnt ihr Gebäck aus Rührteig backen und genießen. So einfach ersetzt ihr die tierischen Grundzutaten:

> **Eier** Ersetzt 1 Ei durch 1/2 Banane oder 2 EL Apfelmus.

> **Kuhmilch** Ersetzt sie 1:1 durch Pflanzen- oder Mandeldrink.

> **Butter** Ersetzt sie 1:1 mit veganer Margarine.

EIERLIKÖR-MARMORKUCHEN

01 | 20 std : min

LOW CARB LOW FAT

PRO STÜCK: 477 KCAL | 8 G E | 25 G F | 53 G KH

ZZGL. 2 STD. RUHEZEIT

ZUTATEN FÜR 12 STÜCKE

- **250 g weiche Butter, in Stücken, zzgl. etwas mehr zum Einfetten**
- **210 g Zucker**
- **1 Prise Salz**
- **5 Eier**
- **375 g Mehl Type 405**
- **1 Pck. Backpulver**
- **160 g Eierlikör**
- **20 g Kakaopulver**
- **150 g Zartbitterkuvertüre, in Stücken**

1 | Den Backofen auf 175 °C Ober-/Unterhitze vorheizen. Eine Gugelhupfform (1,6 l Inhalt) fetten. Butter, 200 g Zucker sowie Salz in den geben und **1 Min.** | **Stufe 5** verrühren. Den Rühraufsatz einsetzen und die Masse **2 Min.** | **Stufe 3,5** cremig rühren. Ohne Messbecher **3 Min.** | **Stufe 2,5** rühren und dabei die Eier nacheinander durch die Deckelöffnung auf das laufende Messer geben. Den Rühraufsatz entfernen. Die Butter-Ei-Mischung mit dem nach unten schieben.

2 | Mehl, Backpulver, 100 g Eierlikör zufügen, mithilfe des **35 Sek.** | **Stufe 4,5** verrühren. Eventuelle Mehlreste mit dem unterheben. 2/3 des Teigs umfüllen.

3 | 30 g Eierlikör, 10 g Zucker sowie Kakaopulver zum Teig in den geben und **5 Sek.** | **Stufe 3,5** verrühren. Die Hälfte vom hellen Teig in der Form verteilen. Erst Kakaoteig, dann restlichen hellen Teig darübergeben. Eine Gabel spiralförmig durch den Teig ziehen, sodass ein Marmormuster entsteht. Im unteren Ofendrittel 50–60 Min. backen (Stäbchenprobe machen). Den spülen.

4 | Den Kuchen 10 Min. in der Form abkühlen lassen, dann auf ein Kuchengitter stürzen und ca. 2 Std. vollständig abkühlen lassen. Kuvertüre in den geben, **5 Sek.** | **Stufe 6** zerkleinern und mit dem nach unten schieben. **5 Min.** | **50 °C** | **Stufe 1** schmelzen. Glasur auf dem Kuchen verteilen, trocknen lassen. Gugelhupf mit 30 g Eierlikör beträufeln und servieren.

>EIERLIKÖR Den herrlich cremigen Likör könnt ihr schnell selbst zubereiten. Für 2 Flaschen à 400 ml: 50 g Zucker in den geben, **10 Sek.** | **Stufe 10** pulverisieren und mit dem nach unten schieben. Rühraufsatz einsetzen. 1 Vanilleschote längs halbieren, das Mark herauslösen. Vanillemark, -schote, 6 Eigelb, 350 g Kondensmilch sowie 250 g weißen Rum zufügen und **10 Min.** | **80 °C** | | **Stufe 2** aufschlagen. Rühraufsatz entfernen. Eierlikör in 2 sterile Flaschen à 400 ml umfüllen, fest verschließen und abkühlen lassen. Gekühlt gelagert hält der Likör bis zu 3 Monate.

APFEL-BUTTERMILCH-BLECHKUCHEN

01 00
std : min

LOW CARB LOW FAT

PRO STÜCK: 229 KCAL | 4 G E | 9 G F | 32 G KH
ZUTATEN FÜR 24 STÜCKE

FÜR DEN TEIG

* **etwas Butter, zum Fetten der Form**
* **4 Eier**
* **175 g Zucker**
* **10 g selbst gemachter Vanillezucker (siehe Seite 11)**
* **1 Prise Salz**
* **375 g Buttermilch**
* **375 g Mehl Type 405**
* **1 Pck. Backpulver**

FÜR DEN BELAG

* **400 g Sahne**
* **100 g Zucker**
* **200 g Kokosraspel**
* **1000 g Äpfel, in dünnen Spalten**

1 | Backofen auf 190 °C Ober-/Unterhitze vorheizen und ein Blech einfetten. Für den Teig den Rühraufsatz einsetzen, Eier, 175 g Zucker, Vanillezucker sowie Salz in den geben und **5 Min.** | **Stufe 3** aufschlagen. Buttermilch zufügen und **30 Sek.** | **Stufe 3** rühren. Rühraufsatz entfernen.

2 | Mehl und Backpulver zugeben und **10 Sek.** | **Stufe 4,5** verrühren. Eventuelle Mehlreste mit dem untermischen. Den Teig auf das gefettete Backblech streichen. Im heißen Backofen auf der mittleren Schiene 15 Min. backen. Inzwischen den spülen.

3 | Für den Belag Sahne, Zucker sowie Kokosrapel in den geben und **10 Sek** | **Stufe 3** mischen. Den Kuchen aus dem Ofen nehmen und mit den Äpfeln belegen. Sahne-Kokos-Mischung gleichmäßig darüber verteilen und im oberen Drittel weitere 20–22 Min. backen. Dann auf dem Blech auf einem Gitter etwas abkühlen lassen. Am besten lauwarm servieren

>**VARIANTE** Anstelle der Kokosraspel könnt ihr auch Mandelblättchen auf den Kuchen streuen.

ZITRONENKUCHEN

01 | 15 std : min

LOW CARB LOW FAT

PRO STÜCK: 499 KCAL | 7 G E | 26 G F | 55 G KH
ZUTATEN FÜR 12 STÜCKE

- **420 g Zucker**
- **250 g Butter**
  zzgl. etwas mehr zum Fetten der Form
- **250 g Frischkäse**
- **4 Eier**
- **320 g Mehl Type 405**
- **1 TL Natron**
- **Saft und Abrieb von 1 unbehandelten Zitrone**
- **45 g Milch**

1 | Backofen auf 160 °C Ober-/Unterhitze vorheizen. 220 g Zucker in den geben, **10 Sek.** | **Stufe 10** pulverisieren, umfüllen. Butter in Stücken in den geben und **2 Min.** | **70 °C** | **Stufe 2** schmelzen. Frischkäse zufügen und **3 Min.** | **Stufe 4** schaumig schlagen, mit dem nach unten schieben.

2 | Puderzucker zugeben und **3 Min.** | **Stufe 3** vermengen, dabei die Eier einzeln durch die Deckelöffnung zugeben. Mehl, Natron, Zitronensaft und -Abrieb zugeben und **2 Min.** | mischen. Ggf. mit dem ein bisschen nachhelfen und dann weitere **2 Min.** | vermengen.

3 | Eine Gugelhupfform fetten, den Teig hineingeben und im heißen Ofen etwa 60 Min. backen. Den Kuchen auf einem Rost auskühlen lassen.

4 | Für die Glasur den restlichen Zucker in den geben und **10 Sek.** | **Stufe 10** pulverisieren. Milch zufügen und **2 Min.** | **Stufe 4** vermischen. Den Zitronenkuchen mit der Glasur überziehen, antrocknen lassen und dann servieren.

> TRICKREICH Um den Kuchen einfach aus der Backform zu lösen, geht ihr wie folgt vor: Die Form sorgfältig einfetten, den „Tunnel" nicht vergessen, am besten die Form mit Mehl bestäuben oder auch Grieß verwenden, nach dem Backen 10-15 Min. in der Form ruhen lassen, aber nicht vollständig darin auskühlen lassen. Dann klebt er nämlich wieder fest. Falls nötig, vor dem Stürzen kurz mit einem Messer zwischen Kuchen und Form entlangschneiden, um den Teig zu lösen, der vielleicht angebacken ist.

EASY

SCHOKO-NUSS-KUCHEN

01 | 30 std : min

PRO STÜCK: 308 KCAL | 6 G E | 20 G F | 28 G KH
ZUTATEN FÜR 16 STÜCKE

- 120 g Haselnusskerne
- 150 g kalte Zartbitterschokolade, in Stücken
- 150 g weiche Butter, in Stücken
- 140 g brauner Zucker
- 20 g selbst gemachter Vanillezucker (siehe Seite 11)
- 4 Eier
- 130 g Mehl Type 405
- 20 g Kakaopulver
- 2 TL Backpulver
- 150 g Zartbitterkuvertüre, in Stücken

1 | Backofen auf 180 °C Ober-/Unterhitze vorheizen. Haselnüsse in den ☐ geben und **5 Sek.** | **Stufe 8** zerkleinern. 2 EL abnehmen und beiseitestellen. Dann die Schokolade zu den restlichen Nüssen in den ☐ geben und **10 Sek.** | **Stufe 10** mahlen, danach umfüllen.

2 | Butter, braunen Zucker sowie Vanillezucker in den ☐ einwiegen und **3 Min.** | **Stufe 4** mischen. Nach 1 Min. die Eier nacheinander durch den Deckel des ☐ zugeben. Dann den Schoko-Nuss-Mix mit Mehl, Kakaopulver und Backpulver hinzufügen und **30 Sek.** | ⚘ zu einem lockeren Teig vermengen.

3 | Teig in eine mit Backpapier ausgelegte Kastenform (24 cm) füllen und im Ofen etwa 50 Min. backen. Nach 10 Min. Backzeit mit einem scharfen Messer einen Längsschnitt in die Mitte des Kuchens machen.

4 | Den Kuchen aus dem Ofen nehmen, auf einem Rost etwas abkühlen lassen. Dann aus der Form nehmen und auskühlen lassen. Währenddessen die Kuvertüre in den ☐ geben und **8 Sek.** | **Stufe 8** zerkleinern. **3 Min.** | **50 °C** | **Stufe 2** schmelzen und den Kuchen mit der Glasur bestreichen. Restliche Haselnüsse darüberstreuen und servieren.

EASY

VERSUNKENER BIRNENKUCHEN

01 | 10
std : min

LOW CARB LOW FAT

PRO STÜCK: 253 KCAL | 5 G E | 8 G F | 40 G KH
ZUTATEN FÜR 10 STÜCKE

- **70 g Margarine zzgl. etwas mehr für die Form**
- **1 EL Weichweizengrieß**
- **20 g Mandelkerne**
- **60 g Apfelmus**
- **20 g selbst gemachter Vanillezucker (siehe Seite 11)**
- **125 g Zucker**
- **1 Ei**
- **250 g Dinkelmehl Type 630**
- **1 Pck. Weinsteinbackpulver**
- **Saft von ½ Zitrone**
- **4 Birnen, in Würfeln, mit Zitronensaft beträufelt**

1 | Ofen auf 180 °C Ober-/Unterhitze vorheizen. Eine Springform mit etwas Fett auspinseln und mit dem Grieß ausstreuen.

2 | Die Mandeln in den Mixtopf geben und **3 Sek.** | **Stufe 7** hacken und umfüllen. Alle anderen Zutaten, bis auf die Birnen, in den Mixtopf geben, **20 Sek.** | **Stufe 6** verkneten. Den Teig in die Form streichen. Die Birnen darauf verteilen und die Mandeln darüberstreuen. Den Kuchen 50–60 Min. backen.

3 | Den Kuchen aus dem Ofen nehmen, in der Form auskühlen lassen. Aus der Springform lösen und den Kuchen servieren.

>**WEINSTEINBACKPULVER** Wie der Name schon sagt, ist in diesem Backtriebmittel Weinstein enthalten, was bei der Herstellung von Sekt und Wein anfällt. Es ist also eine natürliche Alternative zu herkömmlichen Backpulver, das Phosphat enthält. Falls ihr kein Weinstein-Backpulver zu Hause habt, könnt ihr es auch 1:1 durch normales Backpulver ersetzen.

„FANTA"-KUCHEN MIT SCHMAND

00 40 std : min

LOW CARB LOW FAT

PRO STÜCK: 289 KCAL | 4 G E | 19 G F | 25 G KH
ZUTATEN FÜR 24 STÜCKE

FÜR DEN TEIG
* **5 Eier**
* **250 g Zucker**
* **10 g selbst gemachter Vanillezucker (siehe Seite 11)**
* **125 g Rapsöl**
* **175 g Orangenlimonade (z.B. „Fanta")**
* **350 g Mehl Type 405**
* **1 Pck. Backpulver**

FÜR DAS TOPPING
* **500 g Sahne**
* **20 g selbst gemachter Vanillezucker (siehe Seite 12)**
* **2 Pck. Sahnesteif**
* **500 g Schmand**
* **350 g Mandarin-Orangen (Dose), abgetropft**
* **etwas Zimt-Zucker zum Bestreuen**

1 | Ofen auf 180 °C Ober-/Unterhitze vorheizen, ein tiefes Blech mit Backpapier auslegen. Für den Teig Eier, Zucker sowie Vanillezucker in den ◯ geben und **2 Min.** | **Stufe 4** schaumig aufschlagen.

2 | Öl mit Limonade hinzufügen, **20 Sek.** | **Stufe 3** verrühren. Mehl mit Backpulver vermischen, in den ◯ geben und **20 Sek.** | **Stufe 5** vermengen. Den Teig auf das vorbereitete Backblech geben. Im Ofen etwa 20 Min. backen, herausnehmen und auskühlen lassen. Den ◯ spülen.

3 | Für das Topping den Rühraufsatz einsetzen. Sahne, Vanillezucker sowie Sahnesteif in den ◯ geben und ohne Zeiteinstellung unter Sichtkontakt auf **Stufe 3** steif schlagen. In einer Schüssel den Schmand glatt rühren und die geschlagene Sahne vorsichtig unterheben.

4 | Die Hälfte der Creme auf dem Kuchen verstreichen und die Mandarinen darüber verteilen. Übrige Creme darauf verteilen und glatt streichen. Kuchen mit Zimt-Zucker garnieren und bis zum Servieren kalt stellen.

> **VARIANTE** Der Kuchen kann auch ohne das Creme-Topping zubereitet werden. Bestreicht ihn beispielsweise mit einer Orangenglasur, so eignet er sich für den Kindergeburtstag. Dafür 250 g Zucker für **40 Sek.** | **Stufe 10** pulverisieren und mit dem Spatel nach unten schieben. 40 g Orangensaft zugeben, **20 Sek.** | **Stufe 2,5** verrühren. Über den Kuchen geben und nach Belieben anschließend noch mit Streuseln oder Schokolinsen verzieren.

EASY

ZAUBERKUCHEN MIT HIMBEERSOSSE

01 | 10 std : min

LOW CARB LOW FAT

PRO STÜCK: 396 KCAL | 7 G E | 18 G F | 49 G KH

ZZGL. 2 STD. RUHEZEIT

ZUTATEN FÜR 8 STÜCKE

FÜR DEN TEIG

- **4 Eier, getrennt**
- **1 Prise Salz**
- **150 g Zucker**
- **2 TL Vanillezucker**
- **Saft von ½ Zitrone**
- **130 g weiche Butter, in Stücken, zzgl. etwas mehr zum Fetten**
- **120 g Mehl Type 405**
- **450 g Milch**

FÜR DEN GUSS UND DIE FRUCHTSOSSE

- **250 g Apfelsaft**
- **1 Pck. Tortenguss**
- **250 g Himbeeren**
- **40 g Zucker**

1 | Den Backofen auf 150 °C Ober-/Unterhitze vorheizen. Die Eiweiße mit 1 Prise Salz in den fettfreien geben, den Rühraufsatz einsetzen und **4 Min.** | **Stufe 3,5** steif schlagen. Umfüllen und in den Kühlschrank stellen.

2 | Eigelbe, Zucker, Vanillezucker sowie Zitronensaft in den füllen und **3 Min.** | **Stufe 3** schaumig schlagen. Butter sowie Mehl zufügen und weitere **30 Sek.** | **Stufe 3** verrühren. Dann die Milch zugeben und **20 Sek.** | **Stufe 3** verrühren.

3 | Den Rühraufsatz entfernen und den Eischnee mit dem grob unterheben. Ein kleines Backblech (23 × 23 cm) einfetten und den recht flüssigen Teig hineingeben. Im vorgeheizten Backofen etwa 50 Min. backen. Unbedingt eine Stäbchenprobe durchführen. Kuchen auf einem Kuchengitter abkühlen lassen.

4 | Apfelsaft mit Tortengusspulver in den sauberen geben und **5 Min.** | **100 °C** | **Stufe 3** aufkochen. Auf dem Kuchen verstreichen und den Kuchen mindestens 2 Std. in den Kühlschrank stellen. Für die Fruchtsoße Himbeeren und den Zucker in den geben, **10 Sek.** | **Stufe 10** pürieren. Kuchen in Stücke schneiden und mit der Fruchtsoße servieren.

>TIPP Anstelle eines Backblechs eignet sich eine eckige Brownieform ganz hervorragend. Diese kleinen Backformen passen meist sehr gut in den oft recht vollen Kühlschrank. Zudem lassen sie sich viel besser transportieren. Wer den Kuchen zum Picknick mitnimmt, füllt die Fruchtsoße in ein Schraubglas und serviert alles an Ort und Stelle.

>ZAUBERTRICK Dieser Kuchen macht seinem Namen alle Ehre! Beim Backen entstehen wie durch Zauberhand mehrere leckere Schichten. Von fluffig bis cremig ist alles vertreten und das in nur einem Backgang! Wichtig ist dabei, dass der Eischnee vorsichtig und nur kurz untergehoben wird, sodass noch ein paar Flöckchen zu sehen sind. Wie der Trick funktioniert? Da der Eischnee nur leicht vermengt wird, wandert er mit dem Mehl während des Backens nach oben, sodass eine Biskuitschicht entsteht, die cremigen, schweren Zutaten bleiben unten.

SPANISCHER MANDELKUCHEN

01 : 00 std : min

PRO STÜCK: 249 KCAL | 8 G E | 13 G F | 24 G KH
ZUTATEN FÜR 12 STÜCKE

- **etwas Margarine zum Fetten der Form**
- **240 g Zucker**
- **250 g Mandelkerne**
- **6 Eier, getrennt**
- **1 Prise Salz**
- **Abrieb von 1 unbehandelten Zitrone**
- **Mark von 1 Vanilleschote**
- **1 Msp. Zimtpulver**

1 | Den Backofen auf 180 °C Ober-/Unterhitze vorheizen. Den Boden einer Springform (Ø 26 cm) mit Backpapier auslegen und die Ränder fetten.

2 | Zucker in den geben und **1 Min.** | **Stufe 10** pulverisieren, umfüllen. Mandelkerne in den einwiegen und **8 Sek.** | **Stufe 8** mahlen. Etwas warten und den Vorgang wiederholen. Umfüllen und den spülen.

3 | Den Rühraufsatz in den einsetzen. Die Eiweiße mit Salz hineingeben, etwa **2 Min.** | **Stufe 3** steif schlagen und umfüllen. Den Rühraufsatz entfernen.

4 | 200 g Puderzucker, Eigelbe, Zitronenschale, Vanillemark sowie Zimt in den geben und **20 Sek.** | **Stufe 3** zu einer cremigen Masse verrühren. Gemahlene Mandeln zufügen und **20 Sek.** | **Stufe 3** unterrühren. Mit dem Eischnee unterheben.

5 | Den Teig in die Springform füllen und auf der mittleren Schiene 35–40 Min. backen. Abkühlen lassen, kurz vor dem Servieren großzügig mit dem restlichen Puderzucker bestäuben.

>GLUTENFREI Da der spanische Mandelkuchen ganz ohne Mehl auskommt, ist er glutenfrei. Für eine Low-Carb-Variante ersetzt ihr einfach den Zucker durch Erythrit oder Xylit.

EASY

AMARETTINIKUCHEN MIT AMARENAKIRSCHEN

01 00 std : min

PRO STÜCK: 276 KCAL | 6 G E | 14 G F | 32 G KH
ZUTATEN FÜR 16 STÜCKE

FÜR DEN KUCHEN

- **125 g weiche Butter, in Stücken, zzgl. etwas mehr zum Fetten der Form**
- **100 g Amarettinikekse**
- **75 g Mandelkerne**
- **200 g Zucker**
- **3 Eier**
- **140 g Mehl Type 405**
- **1 TL Backpulver**
- **1 TL Zitronenabrieb**
- **70 g gehobelte Mandelkerne**

FÜR DIE AMARENAKIRSCHEN

- **380 g Amarenakirschen (Glas), abgetropft und Saft aufgefangen**
- **etwas Kirschsaft zum Auffüllen**
- **45 g Stärke**
- **1 Spritzer Zitronensaft**

1 | Für den Kuchen eine eckige Springform (24 × 24 cm) einfetten. Den Backofen auf 180 °C Ober-/Unterhitze vorheizen. Amarettini in den geben und **5 Sek.** | **Stufe 6** zerkleinern, umfüllen. Mandelkerne im **8 Sek.** | **Stufe 7** mahlen, umfüllen. 150 g Zucker in den geben, **15 Sek.** | **Stufe 10** pulverisieren. Mit dem nach unten schieben.

2 | Butter mit Eiern zum Puderzucker in den geben und **1 Min. 30 Sek.** | **37 °C** | **Stufe 4** schaumig schlagen. Mehl, Backpulver, zerkleinerte Amarettini, gemahlene Mandeln sowie Zitronenabrieb zugeben und **30 Sek.** | **Stufe 4** verrühren.

3 | Den Teig in die vorbereitete Form streichen, mit gehobelten Mandeln und übrigem Zucker bestreuen. Anschließend 30–35 Min. backen. Den spülen.

4 | Inzwischen für die Amarenakirschen den Kirschsaft (ggf. mit Kirschsaft auf 300 g auffüllen), Stärke sowie Zitronensaft in den geben und **5 Sek.** | **Stufe 8** vermischen. Kirschen zugeben, **8 Min.** | **100 °C** | | **Stufe 2** aufkochen. Den abgekühlten Kuchen in Stücke schneiden und mit Kirschen servieren.

> **VARIANTE** Für dieses Rezept könnt ihr anstelle der Amarenakirschen auch Sauerkirschen verwenden.

SO EINFACH: HEFETEIG

Mit der genialen Temperatureinstellung 37 °C und der Kraft der Teigstufe gelingt euch der softe Teig garantiert immer

Basis REZEPT

SELBST GEMACHTE HEFE

Mit diesem einfachen Rezept seid ihr immer gut mit dem Triebmittel versorgt.

Für 1 Portion Hefe (reicht für 500 g Mehl) 100 g Bier, 10 g Weizenmehl Type 405 und 5 g Zucker in den geben und **10 Sek. | Stufe 4** vermengen. Die Mischung in ein Gefäß füllen, abdecken und über Nacht bei Raumtemperatur stehen lassen. Vor der Verwendung einmal durchrühren und zum Backen damit ½ Würfel frische Hefe (20 g) oder 1 Päckchen Trockenhefe ersetzen.

DAS RICHTIGE VERHÄLTNIS

AUF 500 G MEHL:

- 20 G FRISCHE HEFE
- 1 GLAS HEFE (S. O.)
- 1 PÄCKCHEN TROCKENHEFE

DER TEIG-PROFI

Mit dem Thermomix® habt ihr euch einen Hefe-Garanten in die Küche geholt. Mithilfe der Teigstufe könnt ihr jeden Teig, vor allem auch elastische und schwere Teige, vom Mixmesser kneten lassen. Die Funktion bewirkt, dass das Messer abwechselnd jeweils 2 Sekunden rechts dreht, dann für 2 Sekunden in den Linkslauf wechselt. Die Bewegung ahmt das Kneten des Bäckers nach – durch das intensive Kneten von Teig wird das Gluten aktiviert und sorgt für mehr Spannung im Teig.

KLEIN UND NIEDLICH

Hefeteig eignet sich hervorragend dazu, unterschiedlichste Formen und Figuren zu bilden. Neben dem klassischen Hefekranz und -zopf könnt ihr also auch kleine Hefeknoten, süße Hefehäschen und Schnecken, aber eben auch Nikolausstiefel, Herzen oder Sterne formen.

KÜHLSCHRANK-RUHE

Für warme Frühstücksbrötchen oder einen saftigen Hefezopf am Morgen bereitet den Teig am Vorabend zu. Diesen zum Ruhen in eine Schüssel geben und abgedeckt über Nacht in den Kühlschrank stellen. Auch hier geht der Teig auf – nur viel langsamer. Morgens noch 30 Minuten Zimmertemperatur annehmen lassen, dann verarbeiten.

SÜSSER HEFETEIG

Mit diesem Grundrezept seid ihr auf der sicheren Seite. Die Menge des Teigs genügt beispielsweise für einen großen Hefezopf oder unterschiedlich viele kleinere Teilchen.

200 g Wasser oder Milch mit 20 g frischer Hefe und 50 g Zucker in den geben und **2 Min. | 37 °C | Stufe 2** erwärmen. Nun 450 g Mehl Type 405, 1 Prise Salz, 80 g weiche Butter in Stücken und 1 Ei zugeben und **2 Min. |** zu einem glatten Teig verkneten. Den Teig anschließend in eine große Schüssel umfüllen und mit einem Tuch abdecken. An einem warmen Ort etwa 1 Stunde gehen lassen, bis sich das Volumen verdoppelt hat. Den Teig je nach Rezept weiterverarbeiten.

> **GLÄNZEND** Vor dem Backen eurer Teilchen könnt ihr diese mit Eigelb bestreichen, damit sie einen goldenen Glanz bekommen. Dafür 1 Eigelb glatt rühren und damit das Gebäck bestreichen. Noch schöner wird's, wenn ihr zudem 1 EL Sahne einrührt.

HEFEGEBÄCK IM VAROMA®

Der Varoma® ist auch ein „Backofen", in dem ihr Hefegebäck garen könnt – z. B. Germknödel. Das Ergebnis: superweiche, saftige Teilchen. Probiert auch Hefeschnecken aus dem Varoma®! Ihr könnt sie pur oder gefüllt garen und anschließend z. B. mit Konfitüre reichen. Teilchen in Förmchen oder auf dem Einlegeboden 20 Min. gehen lassen. 500 g Wasser in den geben und **20 Min. | Varoma® | Stufe 2** dämpfen.

HEFE EINFRIEREN

HEFEWÜRFEL AUSPACKEN UND IN EINER KLEINEN DOSE TIEFKÜHLEN. ÜBER NACHT IM KÜHLSCHRANK AUFTAUEN LASSEN. SIE IST DANN FLÜSSIG, ABER FUNKTIONIERT!

WOHLIG WARM 37°C

Keine Angst vor Hefeteig! Wem der Teig bisher nicht gelang, kann jetzt aufatmen. Denn: Der Teig geht nicht, wenn zu kalte oder zu heiße Flüssigkeit verwendet wird. Die Idealtemperatur, um Hefe zu aktivieren, sind exakte 37 °C. Es ist also kein Zufall, dass die Temperaturskala des Thermomix® mit dieser Gradangabe beginnt. Der Zaubertopf ist so konzipiert, dass euch sowohl Teige mit Trockenhefe als auch solche mit frischer Hefe immer gelingen.

BUTTERKUCHEN MIT MARZIPAN

00 45
std : min

LOW CARB LOW FAT

PRO STÜCK: 405 KCAL | 8 G E | 23 G F | 38 G KH
ZZGL. 1 STD. 30 MIN. RUHEZEIT
ZUTATEN FÜR 20 STÜCKE

FÜR DEN HEFETEIG
- **300 g Milch**
- **40 g frische Hefe**
- **80 g Zucker**
- **650 g Mehl Type 405 zzgl. etwas mehr zum Bearbeiten**
- **3 Eier**
- **¼ TL Salz**
- **125 g weiche Butter, in Stücken zzgl. etwas mehr zum Fetten**

FÜR DEN BELAG
- **100 g Mandelkerne**
- **100 g Zucker**
- **250 g weiche Butter, in Stücken**
- **200 g Marzipanrohmasse, in Stücken**
- **5 Tropfen Bittermandelaroma**
- **¼ TL Salz**

1 | Milch, Hefe und Zucker im Mixtopf **2 Min.** | **37 °C** | **Stufe 2** erwärmen. Mehl, Eier und Salz zugeben, **2 Min.** | Teigstufe kneten.

2 | Butter zugeben, weitere **2 Min.** | Teigstufe kneten, umfüllen und abgedeckt an einem warmen Ort 45 Min. gehen lassen. In dieser Zeit ein Backblech einfetten und mit dem Rezept fortfahren. Den Mixtopf spülen.

3 | Für den Belag Mandeln in den Mixtopf geben, **5 Sek.** | **Stufe 5** zerkleinern und umfüllen.

4 | 70 g Zucker **10 Sek.** | **Stufe 10** pulverisieren und mit dem Spatel nach unten schieben. Butter, Marzipan, Bittermandelaroma und Salz zufügen, **3 Min.** | **Stufe 2,5** cremig rühren. Marzipanbutter in einen Einwegspritzbeutel füllen.

5 | Hefeteig auf das vorbereitete Backblech geben und mit bemehlten Händen gleichmäßig auf dem Backblech verteilen, abgedeckt weitere 20 Min. gehen lassen. In dieser Zeit den Backofen auf 200 °C Ober-/Unterhitze vorheizen.

6 | Mit bemehlten Fingerspitzen dicht an dicht kleine Mulden in den Teig drücken. Vom Spritzbeutel eine kleine Spitze abschneiden, Marzipanbutter gleichmäßig in die Mulden spritzen, Mandeln auf dem Teig verteilen und 30 g Zucker darüberstreuen. Auf mittlerer Schiene 20 Min. backen, auf einem Kuchenrost kurz abkühlen lassen, warm in 20 Stücke schneiden und servieren.

> **TIPP** Hefeblechkuchen lassen sich hervorragend einfrieren. Dafür den Kuchen auskühlen lassen und in Stücke schneiden. Diese dann portionsweise einfrieren. Sehr gut eignen sich dafür die praktischen Silikonbeutel in unterschiedlichen Größen. Sie halten die Kuchenstücke frisch und ihr seht im Tiefkühler immer, was drinsteckt. Ihr findet sie im ZauberTopf-Shop unter www.zaubertopf-shop.de

KANELBOLLER MIT APFELKOMPOTT

00 | 50
std : min

PRO STÜCK: 286 KCAL | 5 G E | 10 G F | 41 G KH
ZZGL. 1 STD. RUHEZEIT
ZUTATEN FÜR 14 STÜCK

FÜR DEN HEFETEIG
- **½ TL Kardamomsamen**
- **60 g Zucker**
- **500 g Mehl Type 550 zzgl. etwas mehr zum Bearbeiten**
- **20 g frische Hefe**
- **½ TL Salz**
- **250 g Milch**
- **1 Ei**
- **100 g weiche Butter, in Stücken**

FÜR DIE FÜLLUNG
- **400 g Äpfel, geviertelt**
- **20 g Zitronensaft**
- **70 g Zucker**
- **50 g Butter, in Stücken**
- **¾ TL Zimtpulver**

1 | Für den Teig Kardamom mit Zucker in den geben, **15 Sek.** | **Stufe 10** pulverisieren und mit dem nach unten schieben. Mehl, Hefe, Salz, Milch sowie Ei zufügen und **2 Min.** | verkneten.

2 | Die Butter zugeben und **2 Min.** | verkneten. Teig in eine Schüssel umfüllen und an einem warmen Ort 1 Std. gehen lassen. Inzwischen den spülen.

3 | Für die Füllung die Äpfel mit Zitronensaft in den geben, **3 Sek.** | **Stufe 4,5** zerkleinern und mit dem nach unten schieben. 20 g Zucker zufügen und **10 Min.** | **100 °C** | **Stufe 1** garen. Apfelkompott umfüllen, abkühlen lassen. Den spülen.

4 | 50 g Butter in den geben und **4 Min.** | **60 °C** | **Stufe 1,5** zerlassen. Backofen auf 200 °C Ober-/Unterhitze vorheizen. 2 Backbleche mit Backpapier belegen.

5 | Den Hefeteig auf eine leicht bemehlte Arbeitsfläche geben, mit bemehlten Händen kurz durchkneten und ausrollen.

6 | Teigplatte mit ²⁄₃ der zerlassenen Butter bestreichen. 50 g Zucker und den Zimt in einer kleinen Schüssel mischen, ¾ davon auf die Teigplatte streuen. Das Apfelmus auf dem mittleren Drittel verteilen und das untere Drittel darüberklappen. Dann den Teig mit der restlichen Butter bestreichen, mit restlichem Zimt-Zucker bestreuen und oberes Teigdrittel darüberklappen. Teig in 14 gleich breite Streifen schneiden, verdrehen, zu lockeren Knoten schlingen und auf die vorbereiteten Backbleche setzen. Kanelboller auf der mittleren Schiene 17 Min. backen, auf den Blechen auf einem Gitter etwas abkühlen lassen und am besten lauwarm servieren.

>SCHWEDISCHER KLASSIKER Der Name Kanelboller stammt aus dem Schwedischen und steht für Zimtbrötchen oder -schnecken. In allen skandinavischen Ländern wird dieses Hefeteiggebäck sehr viel gebacken und gegessen. Traditionell sind sie nur mit einer Creme aus Butter und Zimt bestrichen. Die Möglichkeiten, sie zu befüllen und zu würzen, sind allerdings unendlich vielseitig.

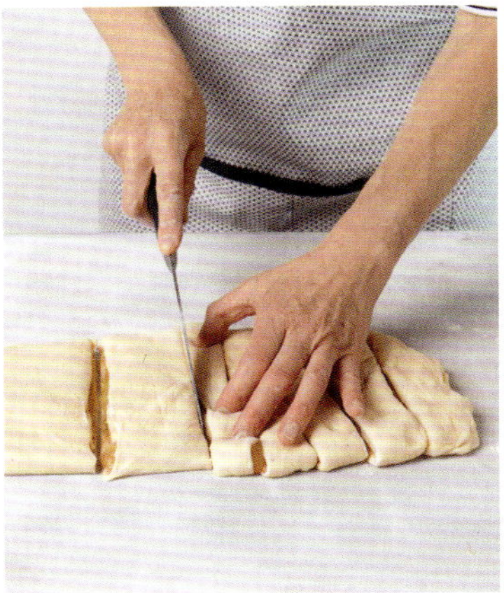

FRANZÖSISCHE BRIOCHES

00 25
std : min

PRO STÜCK: 257 KCAL | 6 G E | 14 G F | 27 G KH
ZZGL. 1 STD. RUHEZEIT
ZUTATEN FÜR 12 STÜCK

- **100 g Milch**
- **50 g Zucker**
- **20 g frische Hefe**
- **170 g weiche Butter, in Stücken, zzgl. etwas mehr zum Fetten der Förmchen**
- **Abrieb von ½ unbehandelten Zitrone**
- **4 Eier**
- **350 g Mehl Type 405**
- **1 Eiweiß**

1 | Milch, Zucker sowie Hefe in den geben und **1 Min.** | **37 °C** | **Stufe 2** erwärmen. Dann Butter, Zitronenschale, Eier und Mehl hinzufügen, **3 Min.** | kneten. In eine Rührschüssel umfüllen, an einem warmen Ort mit einem feuchten Tuch abgedeckt etwa 1 Std. gehen lassen.

2 | Den Backofen auf 200 °C Ober-/Unterhitze vorheizen. 12 Muffinformen oder ein Muffinblech mit 12 Mulden fetten und etwa ²/₃ des Teigs in die Mulden verteilen. Aus dem restlichen Teig 12 kleine Kugeln formen und je eine auf die Brioches setzen.

3 | Das Eiweiß verquirlen, die Brioches damit bestreichen und im unteren Drittel des Ofens 15 Min. backen. Die Brioches vollständig abkühlen lassen und servieren.

>ERDBEER-RHABARBER-KONFITÜRE

Während der Teig für die Brioches ruht, könnt ihr eine fruchtige Konfitüre zubereiten: Dafür 500 g Rhabarber in Stücken und 500 g halbierte Erdbeeren in den geben und **15 Sek.** | **Stufe 5** zerkleinern. 500 g Gelierzucker 2:1 und das Mark von 1 Vanilleschote hinzufügen und **15 Min.** | **100 °C** | **Stufe 2** kochen. Nach erfolgreicher Gelierprobe in 4 sterile Schraubgläser à 300 ml füllen, verschließen und für 5 Min. auf den Deckel stellen. Kühl und dunkel gelagert ist die Konfitüre etwa 1 Jahr haltbar. Tipp: Außerhalb der Erdbeer- und Rhabarbersaison könnt ihr auch auf aufgetaute TK-Früchte zurückgreifen.

EASY

HEFEZOPF

00:40 std : min

PRO SCHEIBE: 152 KCAL | 3 G E | 4 G F | 24 G KH
ZZGL. 1 STD. 30 MIN. RUHEZEIT
ZUTATEN FÜR 1 HEFEZOPF À 20 SCHEIBEN

- **250 g Milch**
- **20 g frische Hefe**
- **60 g brauner Zucker**
- **1 Ei**
- **½ TL Salz**
- **500 g Mehl Type 405 zzgl. etwas mehr zum Bearbeiten**
- **1 TL Kardamompulver**
- **½ TL Zimtpulver**
- **75 g weiche Butter, in Stücken**
- **2 EL Hagelzucker**

1 | 50 g Milch, Hefe sowie Zucker in den Mixtopf geben und **2 Min.** | **37 °C** | **Stufe 2** erwärmen. In dieser Zeit das Ei in einer kleinen Schüssel gut verquirlen und 3 EL davon kalt stellen.

2 | Restliches Ei, 200 g Milch, Salz, Mehl, Kardamom- sowie Zimtpulver in den Mixtopf zufügen und **2 Min.** | Teigknetstufe kneten. Die Butter zugeben und **2 Min.** | Teigknetstufe kneten.

3 | Teig in eine Schüssel umfüllen, mit einem feuchten Geschirrtuch abdecken und 1 Std. an einem warmen Ort gehen lassen. Dann den Teig auf einer bemehlten Arbeitsfläche durchkneten, dritteln und abgedeckt weitere 10 Min. ruhen lassen.

4 | Ein Backblech mit Backpapier belegen. Dann den Teig zu 3 Strängen von je 40 cm Länge ausrollen. Teigstränge auf dem vorbereiteten Backblech sehr locker zusammenflechten und abgedeckt 20 Min. gehen lassen. In dieser Zeit den Backofen auf 190 °C Ober-/Unterhitze vorheizen.

5 | Hefezopf mit restlichem verquirlten Ei bestreichen, mit Hagelzucker bestreuen und auf der 2. Schiene von unten 25 Min. backen, dabei ggf. nach 15 Min. mit Alufolie abdecken. Hefezopf abkühlen lassen und servieren.

>**PERFEKT FLECHTEN** Dieser Hefezopf wird aus drei Strängen geflochten. Wie er sogar mit vier Strängen perfekt gelingt oder wie ihr aus diesem Hefeteig andere hübsche Teilchen wie Osterhasen formen könnt, zeigen wir euch in unseren Videoanleitungen auf unserem YouTube-Kanal unter www.zaubertopf.de/youtube!

EASY

MOHN-FALTENBROT

01 | 00
std : min

PRO PORTION: 390 KCAL | 9 G E | 6 G F | 52 G KH

ZZGL. 1 STD. RUHEZEIT

ZUTATEN FÜR 12 STÜCKE

FÜR DEN HEFETEIG

- **250 g Milch**
- **40 g frische Hefe**
- **90 g Zucker**
- **90 g weiche Butter, in Stücken zzgl. etwas mehr zum Fetten der Form**
- **1 Ei**
- **600 g Mehl Type 405 zzgl. etwas mehr zum Bearbeiten**
- **½ TL Salz**

FÜR DIE FÜLLUNG

- **300 g Schmand**
- **Saft und Abrieb von 2 unbehandelten Limetten**
- **40 g Zucker**
- **30 g Mohn**

1 | Für den Teig Milch, Hefe, sowie Zucker in den geben und **2 Min.** | **37 °C** | **Stufe 2** erwärmen. Butter, Ei, Mehl sowie Salz zufügen und **2 Min.** | verkneten. Den Teig umfüllen und 30 Min. ruhen lassen. Den spülen.

2 | Für die Füllung Schmand, Limettensaft und -abrieb sowie Zucker und Mohn in den geben, **20 Sek.** | **Stufe 3** vermengen. Eine Springform (Ø 26 cm) einfetten. Den Teig zu einem großen Rechteck ausrollen, mit der Mohn-Schmand-Mischung bestreichen, in ca. 5 cm breite Streifen schneiden. Diese jeweils wie eine Ziehharmonika falten. In die gefettete Form eng aneinandersetzen. An einem warmen Ort 30 Min. gehen lassen.

3 | Den Backofen auf 200 °C Ober-/Unterhitze vorheizen. Das Faltenbrot 25–30 Min. backen. Anschließend etwas auskühlen lassen, aus der Form lösen und lauwarm oder abgekühlt servieren.

>JOGHURT-DIP Zu diesem Faltenbrot passt hervorragend ein Joghurt-Mohn-Dip, den ihr ratzfatz zubereitet habt. Dafür 300 g Sahnejoghurt, 100 g Frischkäse, 20 g Agavendicksaft, Saft und Abrieb von ½ unbehandelten Limette sowie 2 TL Mohn in den geben und **20 Sek.** | **Stufe 3** vermengen. Zu dem Faltenbrot servieren oder als Topping für andere Kuchen verwenden.

HEFEKONFEKT MIT KIRSCHEN UND STREUSELN

01 | 30 std : min

PRO STÜCK: 188 KCAL | 3 G E | 5 G F | 30 G KH
ZZGL. 30 MIN. RUHEZEIT
ZUTATEN FÜR 24 STÜCK

FÜR DIE KIRSCHSOSSE UND ZUM GARNIEREN
- 70 g Zucker
- 300 g Sauerkirschen (Glas)
- Mark von ½ Vanilleschote
- 10 g Stärke

FÜR DEN HEFETEIG UND DIE STREUSEL
- 250 g Milch
- 20 g frische Hefe
- 130 g Zucker
- 600 g Mehl Type 405 zzgl. etwas mehr zum Bearbeiten
- 145 g Butter, in Stücken
- 1 Ei
- 1 Prise Salz
- 30 g Cranberrys
- Mark von ½ Vanilleschote

1 | Für die Soße 50 g Zucker in den Mixtopf geben und **10 Sek.** | **Stufe 10** pulverisieren. Puderzucker umfüllen und für später beiseitestellen. Kirschen durch den Garkorb abgießen und dabei 100 g Kirschsaft auffangen. Kirschsaft, 20 g Zucker, Vanillemark sowie Stärke in den Mixtopf geben und **6 Min.** | **100 °C** | **Stufe 3** erwärmen. Die Kirschen zufügen und **2 Min.** | **80 °C** | Linkslauf | Rührstufe erhitzen. Kirschsoße umfüllen und abkühlen lassen. Den Mixtopf reinigen.

2 | Für den Teig Milch, Hefe und 60 g Zucker im Mixtopf **2 Min.** | **37 °C** | **Stufe 2** erwärmen. 500 g Mehl, 75 g Butter, Ei sowie Salz zufügen und **2 Min.** | Teigstufe zu einem Teig verkneten. Die Cranberrys zugeben und **1 Min.** | Teigstufe unterkneten. Teig in eine Schüssel geben und abgedeckt an einem warmen Ort 30 Min. gehen lassen. Mixtopf säubern.

3 | Den Backofen auf 180 °C Ober-/Unterhitze vorheizen. Für die Streusel 100 g Mehl, 70 g kalte Butter, 70 g Zucker sowie Vanillemark in den Mixtopf geben und **30 Sek.** | **Stufe 3** vermengen. Den Hefeteig auf eine bemehlte Arbeitsfläche legen und zu einem langen Strang rollen. Mithilfe des Spatels in 24 gleich große Stücke teilen und diese rund wirken.

4 | Ein Blech mit Backpapier auslegen und die Teigkugeln gleichmäßig darauf verteilen. In jede Kugel eine kleine Mulde drücken und jeweils 1 TL Kirschsoße hineingeben. Die Streusel großzügig über das Konfekt streuen und dieses etwa 30 Min. im vorgeheizten Ofen backen. Das Konfekt gut auskühlen lassen und mit dem Puderzucker bestäubt servieren.

> **VORBEREITEN** Ihr könnt diesen Teig bereits am Vorabend kneten und über Nacht abgedeckt im Kühlschrank lagern. Am nächsten Tag herausnehmen und zunächst Zimmertemperatur annehmen lassen, das dauert etwa 30 Min. Dann wie im Rezept beschrieben weiterverarbeiten. So könnt ihr die Teilchen stressfrei noch warm zur Kaffeezeit servieren.

Hefe-
konfekt

BRIOCHEKRANZ MIT HIMBEEREN

00 50
std : min

PRO STÜCK: 346 KCAL | 7 G E | 10 G F | 56 G KH
ZZGL. 1 STD. 10 MIN. RUHEZEIT
ZUTATEN FÜR 12 STÜCK

FÜR DIE KONFITÜRE
* **300 g Himbeeren**
* **160 g Gelierzucker 2 : 1**
* **Saft von ½ unbehandelten Zitrone**

FÜR DEN HEFETEIG
* **Abrieb von ½ unbehandelten Zitrone**
* **75 g Zucker**
* **30 g frische Hefe**
* **200 g Milch**
* **500 g Mehl Type 405 zzgl. etwas mehr zum Bearbeiten**
* **½ TL Salz**
* **1 EL selbst gemachter Vanillezucker (siehe Seite 11)**
* **1 Ei, verquirlt**
* **3 Eigelb**
* **10 g Rum**
* **100 g weiche Butter, in Stücken**
* **etwas Puderzucker zum Bestäuben**

1 | Für die Konfitüre Himbeeren, Gelierzucker und Zitronensaft in den geben, **13 Min.** | **100 °C** | **Stufe 2** kochen. Die Konfitüre umfüllen und abkühlen lassen. Den spülen.

2 | Für den Hefeteig Zitronenabrieb mit Zucker in den geben und **10 Sek.** | **Stufe 10** pulverisieren, mit dem nach unten schieben. Hefe mit Milch zufügen und **2 Min.** | **37 °C** | **Stufe 2** erwärmen. Mehl, Salz, Vanillezucker, 30 g verquirltes Ei, die Eigelbe sowie den Rum zugeben und alles **2 Min.** | verkneten.

3 | Die Butter zufügen und **3 Min.** | verkneten. Den Teig auf einer bemehlten Fläche ca. 2 cm dick zu einem Rechteck ausrollen, dreimal falten und zugedeckt an einem warmen Ort 1 Std. gehen lassen.

4 | Den Teig auf einer bemehlten Fläche ca. 1 cm dick ausrollen. Mit der Himbeerkonfitüre bestreichen, aufrollen. Die Rolle längs aufschneiden. Beide Hälften, mit der geschnittenen Seite nach oben zeigend, ineinander verdrehen. Die Enden zusammenführen, sodass ein Kranz entsteht. Diesen auf ein mit Backpapier belegtes Blech legen und mit dem restlichen verquirlten Ei bestreichen. An einem warmen Ort nochmals 10 Min. gehen lassen. Backofen auf 160 °C Ober-/Unterhitze vorheizen.

5 | Die Brioche im heißen Ofen auf der mittleren Schiene 25–30 Min. backen. Abkühlen lassen und mit Puderzucker bestreut servieren.

>FÜR EILIGE Ihr könnt den Kranz auch mit einer fertigen Konfitüre eurer Wahl bestreichen. Das geht natürlich ruck, zuck. Dazu passen alle Geschmacksrichtungen von roten Fruchtkonfitüren bis hin zu Pflaumenmus oder auch Orangenmarmelade. Probiert aus, was euch schmeckt!

VANILLE-FRANZBRÖTCHEN MIT SCHOKOGLASUR

01 00 std : min

PRO STÜCK: 492 KCAL | 11 G E | 23 G F | 63 G KH

ZZGL. 1 STD. RUHEZEIT

ZUTATEN FÜR 10 STÜCK

FÜR DEN HEFETEIG

- **250 g Milch**
- **20 g frische Hefe**
- **70 g Zucker**
- **1 Ei**
- **500 g Mehl Type 405 zzgl. etwas mehr zum Bearbeiten**
- **1 Prise Salz**
- **60 g weiche Butter, in Stücken**

FÜR DIE VANILLEBUTTER UND ZUM GARNIEREN

- **50 g Haselnusskerne**
- **1 Vanilleschote, in Stücken**
- **100 g Zucker**
- **100 g weiche Butter, in Stücken**
- **1 EL Milch**
- **1 Eigelb**
- **200 g Zartbitterkuvertüre, in Stücken**
- **20 g Kokosöl**

1 | Für den Teig Milch, Hefe sowie Zucker in den Mixtopf geben und **2 Min.** | **37°C** | **Stufe 2** erwärmen. Dann das Ei, Mehl, Salz und Butter zufügen, **2 Min.** | Teigstufe zu einem glatten Teig verkneten. Den Teig umfüllen, mit einem feuchten Tuch abdecken und an einem warmen Ort etwa 1 Std. gehen lassen. Den Mixtopf spülen.

2 | Die Haselnusskerne in den Mixtopf geben, **2 Sek.** | **Stufe 6** grob hacken und umfüllen. Für die Vanillebutter die Vanilleschote mit dem Zucker in den Mixtopf geben und **20 Sek.** | **Stufe 10** pulverisieren. Haselnüsse in den Garkorb geben und die feinen Teile in den Mixtopf sieben, die groben Nussstücke beiseitestellen. Die Butter zufügen und **20 Sek.** | **Stufe 3** vermengen.

3 | Den Teig auf einer leicht bemehlten Arbeitsfläche zu einem 5 mm dünnen Rechteck (25 × 40 cm) ausrollen. Vanillebutter gleichmäßig darauf verstreichen.

4 | Den Teig von der langen Seite her aufrollen. In 10 Scheiben schneiden und längs mit einem Holzlöffel eindrücken, sodass die typische Franzbrötchenform entsteht. Franzbrötchen auf ein mit Backpapier belegtes Blech setzen und 15 Min. gehen lassen.

5 | Backofen auf 180 °C Ober-/Unterhitze vorheizen. Die Milch mit dem Eigelb verquirlen, Franzbrötchen damit bestreichen. Im Ofen etwa 20 Min. backen, herausnehmen. Abkühlen lassen.

6 | Kuvertüre in den Mixtopf geben und **6 Sek.** | **Stufe 8** hacken. Das Kokosöl zufügen, **4 Min.** | **60°C** | **Stufe 2** schmelzen. Auf die Franzbrötchen streichen, mit Haselnüssen garnieren und anschließend trocknen lassen.

>**FRANZBRÖTCHEN** Dieses Hamburger Gebäck ähnelt der skandinavischen Zimtschnecke. Der Unterschied: Jede Schnecke wird vor dem Backen flach gedrückt (siehe drittes Bild). Dadurch backt jedes Teilchen zu einem kompakteren, flacheren, etwas saftigeren Gebäck. Die Füllungen und Toppings sind variabel – der Klassiker wird wie im Norden mit Zimtzucker gebacken. Wir lieben dieses „Next Level"-Franzbrötchen mit der Nuss-Vanille-Cremefüllung.

RHABARBER-MOHN-KUCHEN MIT VANILLESTREUSELN

00 55 std : min

PRO STÜCK: 483 KCAL | 11 G E | 25 G F | 56 G KH
ZZGL. 1 STD. 45 MIN. RUHEZEIT
ZUTATEN FÜR 20 STÜCKE

FÜR DIE STREUSEL UND DEN HEFETEIG

- **900 g Mehl Type 405**
- **210 g Zucker**
- **350 g weiche Butter, in Stücken**
- **Mark von 1 Vanilleschote**
- **200 g Milch**
- **40 g frische Hefe**
- **1 Ei**

FÜR DIE FÜLLUNG

- **300 g Mohn**
- **220 g Milch**
- **70 g Zucker**
- **2 Eier**
- **50 g Butter**
- **1000 g Rhabarber, in kleinen Stücken**

1 | Für die Streusel 400 g Mehl, 150 g Zucker, 230 g Butter sowie Vanillemark in den geben, und alles **30 Sek.** | **Stufe 5** zu Streuseln verarbeiten und umfüllen.

2 | Für den Teig die Milch mit Hefe in den geben und **2 Min.** | **37 °C** | **Stufe 2** erwärmen. Dann 500 g Mehl, 60 g Zucker, 120 g Butter und das Ei zufügen und **2 Min.** | verkneten. In eine Schüssel umfüllen und an einem warmen Ort 45 Min. gehen lassen. Den spülen.

3 | Den Backofen auf 170 °C Ober-/Unterhitze vorheizen. Für die Füllung den Mohn in den geben, **20 Sek.** | **Stufe 10** mahlen. Milch, Zucker, Eier sowie Butter zufügen und **5 Min.** | **90 °C** | **Stufe 2** aufkochen lassen.

4 | Ein Blech mit Backpapier auslegen und den Hefeteig darauf ausrollen. Mit einer Gabel mehrfach einstechen. Dann den Mohn gleichmäßig darauf verteilen. Rhabarber darauflegen und die Streusel darüber verteilen.

5 | Den Kuchen etwa 25 Min. auf der mittleren Schiene backen, bis die Streusel goldgelb sind. Den Kuchen ca. 1 Std. auskühlen lassen, in Stücke schneiden und servieren.

>LUST AUF CRUMBLE? Ihr könnt auch auf Boden und Mohnmasse verzichten und nur die Rhabarberstücke in einer Auflaufform verteilen und die Streusel darübergeben. Ebenso wie den Kuchen backen und fertig ist der Rhabarber-Crumble! Serviert ihn zum Beispiel mit Vanilleeis oder Schlagsahne.

BIENENSTICH

00 | 50
std : min

LOW CARB · LOW FAT

PRO STÜCK: 398 KCAL | 9 G E | 22 G F | 41 G KH
ZZGL. 1 STD. 15 MIN. RUHEZEIT
ZUTATEN FÜR 20 STÜCKE

FÜR DEN HEFETEIG
- **80 g Butter, in Stücken**
- **40 g frische Hefe**
- **100 g Zucker**
- **2 Eier**
- **2 TL selbst gemachter Vanillezucker** **(siehe Seite 11)**
- **1 Prise Salz**
- **250 g Buttermilch**
- **550 g Mehl Type 405**

FÜR DEN BELAG
- **150 g Butter, in Stücken**
- **80 g Zucker**
- **2 TL selbst gemachter Vanillezucker** **(siehe Seite 11)**
- **50 g Sahne**
- **200 g Mandelkerne, gehobelt**

FÜR DIE CREME
- **5 Blatt Gelatine**
- **500 g Milch**
- **1½ Pck. Vanillepuddingpulver**
- **100 g Zucker**
- **300 g Sahne**

1 | Für den Teig Butter, Hefe, Zucker, Eier, Vanillezucker, Salz sowie Buttermilch in den geben, **4 Min.** | **37 °C** | **Stufe 2** erwärmen. Das Mehl hinzufügen und **3 Min.** | zu einem Teig verkneten. In einer Schüssel abgedeckt etwa 1 Std. gehen lassen.

2 | Backofen auf 180 °C Ober-/Unterhitze vorheizen. Ein Blech mit Backpapier belegen und den Teig darauf ausrollen.

3 | Für den Belag Butter, Zucker, Vanillezucker sowie Sahne in den geben und alles **4 Min.** | **100 °C** | **Stufe 2** kochen. Nun die Mandeln zufügen und **10 Sek.** | | **Stufe 3** vermengen. Die Masse auf den Hefeteig streichen und den Kuchen nochmals weitere 15 Min. gehen lassen. Im vorgeheizten Ofen etwa 25 Min. backen. Vollständig auskühlen lassen.

4 | Den Kuchen in 4 gleich große Stücke schneiden und waagerecht mit einem Messer oder Faden halbieren, sodass je 4 Böden und Deckel entstehen.

5 | Für die Creme die Gelatine nach Packungsanweisung einweichen. Milch, Puddingpulver und Zucker in den gereinigten geben, **7 Min.** | **100 °C** | **Stufe 3** aufkochen. Die Gelatine gut ausdrücken, in den geben und **30 Sek.** | **Stufe 3** vermengen. Creme umfüllen und etwas abkühlen lassen. Den spülen.

6 | Inzwischen den Rühraufsatz in den setzen und die Sahne einwiegen. Ohne Zeiteinstellung auf **Stufe 3** unter Sichtkontakt steif schlagen. Sahne mit dem unter die Vanillecreme heben. Die Füllung auf die 4 Böden streichen. Deckel aufsetzen und die Creme fest werden lassen.

ZWETSCHGEN-STREUSELKUCHEN VOM BLECH

00:40 std : min

PRO STÜCK: 467 KCAL | 7 G E | 20 G F | 67 G KH

ZZGL. 1 STD. 5 MIN. RUHEZEIT

ZUTATEN FÜR 16 STÜCKE

- 150 g Milch
- 275 g Zucker zzgl. 1 TL
- 40 g frische Hefe
- 1 Ei
- 350 g weiche Butter, in Stücken
- 700 g Mehl Type 405 zzgl. etwas mehr zum Bearbeiten
- 2 Prisen Salz
- 1 Pck. Sahnesteif
- 2000 g Zwetschgen, halbiert

1 | Milch, 1 TL Zucker sowie Hefe in den Mixtopf geben und **3 Min.** | **37 °C** | **Stufe 2** erwärmen. Das Ei, 100 g weiche Butter, 125 g Zucker, 400 g Mehl sowie 1 Prise Salz zufügen und **3 Min.** | Teigstufe verkneten. Teig umfüllen und abgedeckt an einem warmen Ort 45 Min. gehen lassen.

2 | Ein Blech mit Backpapier auslegen. Teig auf einer bemehlten Arbeitsfläche mit den Händen durchkneten und zu einem Rechteck ausrollen. Auf das Backblech legen und abgedeckt erneut 20 Min. gehen lassen.

3 | Backofen auf 180 °C Ober-/Unterhitze vorheizen. 300 g Mehl, 250 g Butter, 150 g Zucker sowie 1 Prise Salz in den Mixtopf geben und **20 Sek.** | **Stufe 6** zu Streuseln verarbeiten.

4 | Den Hefeteig mit Sahnesteif bestreuen, mit Zwetschgen belegen und mit Streuseln bestreuen. Im heißen Ofen ca. 30 Min. backen.

>**TIPP** Zu diesem Streuselkuchen passen geschlagene Sahne oder luftig aufgeschlagene Crème fraîche.

>**GEHEIMTRICK** Der Schritt 4 in diesem Rezept ist ein echter Profitrick: Das Sahnesteifpulver wird über den Boden gestreut, um den Hefeboden vor dem austretenden Zwetschgensaft zu schützen. Denn: Das Sahnesteif bindet den überschüssigen Fruchtsaft. So bleibt der Boden schön luftig und saugt den Saft nicht wie ein Schwamm auf.

EASY

SCHOKORAD

00 45
std : min

PRO STÜCK: 345 KCAL | 8 G E | 15 G F | 46 G KH

ZZGL. 1 STD. RUHEZEIT

ZUTATEN FÜR 12 STÜCKE

FÜR DIE SCHOKOMASSE

- **200 g Zartbitterschokolade, in Stücken**
- **80 g Sahne**
- **20 g weiche Butter**
- **1 TL Vanilleextrakt**

FÜR DEN HEFETEIG

- **240 g Milch**
- **20 g frische Hefe**
- **40 g Zucker**
- **500 g Mehl Type 405**
- **1 Prise Salz**
- **60 g weiche Butter, in Stücken**
- **1 Ei**
- **1 Eigelb, zum Bestreichen**
- **etwas Puderzucker, zum Bestäuben**

1 | Für die Schokomasse Schokolade in den geben und **10 Sek.** | **Stufe 5** zerkleinern. Mit dem nach unten schieben. Die Sahne, Butter sowie Vanilleextrakt zufügen und **5 Min.** | **70 °C** | **Stufe 2** schmelzen. Die Schoko-Masse umfüllen und kalt stellen. Anschließend den spülen.

2 | Für den Hefeteig Milch, Hefe sowie Zucker in den geben und **2 Min.** | **37 °C** | **Stufe 2** erwärmen. Mehl, Salz, Butter und das Ei zufügen, **2 Min.** | zu einem glatten Teig verkneten. Den Teig in eine große Schüssel umfüllen, mit einem feuchten Tuch abdecken und an einem warmen Ort etwa 1 Std. gehen lassen, bis sich das Volumen verdoppelt hat. Den Backofen auf 180 °C Ober-/Unterhitze vorheizen.

3 | Den Teig in 3 gleich große Portionen teilen und diese zu Kreisen (Ø etwa 26 cm) ausrollen. Einen Teigling auf ein mit Backpapier belegtes Blech legen und die Hälfte der Schokocreme daraufgeben. Einen zweiten Teigling und die übrige Schoko-Creme daraufgeben und mit dem letzten Teigling abschließen.

4 | Den Teig in 12 gleich große Stücke einschneiden, dabei in der Mitte einen Kreis von ca. Ø 5 cm aussparen. Dann jedes einzelne Stück zweimal umdrehen und zum Schluss alles mit einem verquirlten Eigelb bestreichen.

5 | Im Backofen auf der mittleren Schiene etwa 25 Min. goldbraun backen. Kurz abkühlen lassen und mit Puderzucker bestäuben.

>**TRICK 17** Damit ihr nicht zu weit in die Mitte schneidet, setzt einen Becher auf die Teig-Mitte. Dann den Teig einfach nur bis zum Glasrand einschneiden.

DIE BESTEN KÄSEKUCHEN

Seidig und cremig, herrlich frisch und so lecker – wer diese Eigenschaften erreichen möchte, folgt diesen Kniffen

GELINGSICHER OHNE KÄSEKUCHENHILFE

Im Fertigprodukt „Käsekuchenhilfe" steckt nicht viel mehr als Stärke, die dafür sorgt, dass die flüssigen Zutaten wie Quark und Frischkäse gebunden werden und der Kuchen schnittfest wird. Dieses Produkt könnt ihr durch Mehl, Stärke, Puddingpulver oder auch Grieß ersetzen.

AUF 750 G QUARK/ FRISCHKÄSE

- 100 G GRIESS
- 2 EL MEHL
- 2 EL STÄRKE
- 1 PÄCKCHEN PUDDINGPULVER

1 TAG RUHE

Am besten sind Käsekuchen am zweiten Tag. Dann sind sie vollkommen abgekühlt, ggf. sogar im Kühlschrank gekühlt, und haben sich gesetzt, sodass die Konsistenz jetzt genau so ist, wie sie sein soll. Kuchen auf Quark- und Frischkäsebasis bleiben aufgrund ihres hohen Feuchtigkeitsgehalts zudem sehr lange frisch. Daher eignen sich diese Kuchen perfekt zum Vorbereiten!

BODEN BEREITEN

Wer seinen Käsekuchen mit Boden mag, hat viele Optionen. Unter der erfrischenden Masse schmecken Mürbeteig (Seite 87) oder auch Kekskrümelboden (Seite 133). Lasst diese vor dem Befüllen abkühlen bzw. vollständig fest werden. Bei Mürbeteigboden gilt: Stecht ihn mehrfach mit einer Gabel ein. Das verhindert, dass er sich beim Backen wölbt. Für einen Kuchen mit Rand den Mürbeteig teilen, mit einer Hälfte den Boden formen, mit der zweiten den Rand. So 10–12 Min. vorbacken und abkühlen lassen. Dann die Masse einfüllen und backen.

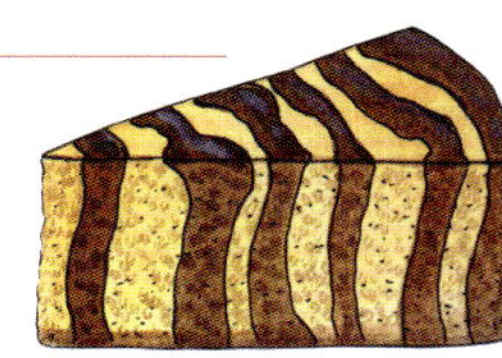

ZEBRAKUCHEN

Mit diesem Trick kreiert ihr eine besondere Käsekuchenoptik: Eine Hälfte der Käsekuchenmasse in eine Schüssel umfüllen. Zur Masse im 2 EL Kakao geben und **20 Sek. | Stufe 4** mixen. Nun abwechselnd je 1 Kelle der Massen in die Mitte der Springform geben. Für ein noch eleganteres Muster die Spitze eines Holzstäbchens oder Messers vom Zentrum bis zum Außenrand ziehen. So entsteht das tolle Zebramuster. Ein ähnliches Rezept findet ihr auf Seite 228. **TIPP:** Das funktioniert natürlich auch mit Rührteig!

EINFACHER SCHNELLER KÄSEKUCHEN

Wenige Zutaten und eine rasante Zubereitung machen diesen Käsekuchen zum absoluten Gewinner.

Für 1 Springform (Ø 26 cm):
Den Backofen auf 175 °C Ober-/Unterhitze vorheizen. 750 g Magerquark (alternativ 500 g Speisequark und 250 g Schmand) mit 2 EL Frischkäse, 175 g Zucker, 3 Eiern, Mark von 1 Vanilleschote und 2 EL Mehl in den geben und **1 Min. | Stufe 4** cremig rühren. Die Masse in die mit Backpapier bespannte Springform geben und 45–50 Min. backen. Der Kuchen sollte seine helle Oberfläche behalten. Anschließend langsam bei geöffneter Ofentür auskühlen lassen. Am besten über Nacht kalt stellen und dann mit frischen Früchten dekoriert servieren.

Die Masse könnt ihr auch auf einen vorgebackenen Mürteigboden geben. Das Rezept findet ihr auf Seite 87.

TOP-3-STREUSELTIPPS

1. Streusel lassen sich gut vorbereiten und im Kühlschrank lagern. Das Plus: Kalte Streusel schmelzen nicht auf dem Kuchen.
2. Das Grundrezept ist immer 1 : 2 : 3 – das heißt 1 Teil Zucker, 2 Teile Butter und 3 Teile Mehl. Mit ein paar Teelöffeln Kakao, Zimt oder Mohn lässt es sich beliebig variieren.
3. Immer kalte Butter verwenden, damit die Streusel nicht zu fein werden!

MINI-CHEESECAKES

BESONDERS SÜSS: KÄSEKUCHEN IN MUFFINFÖRMCHEN GEBACKEN! DAFÜR BODEN, CREME UND STREUSEL EINFACH AUF DIE 12 MULDEN AUFTEILEN UND BACKZEIT KÜRZEN.

KEIN EINFALLEN MEHR

Käsekuchen fällt gern nach dem Backen in sich zusammen. Das ändert übrigens nichts am guten Geschmack! Wer es dennoch verhindern möchte, „gewöhnt" den Kuchen nach dem Backen sehr langsam an die Raumtemperatur. Dafür nach dem Backen noch 10 Minuten im ausgeschalteten Ofen stehen lassen, dann 10 Minuten mit leicht geöffneter Ofentür die Hitze entweichen lassen, dann Ofentür öffnen und den Kuchen weiterhin langsam kühlen lassen.

KLASSISCHER KÄSEKUCHEN

01 | 10
std : min

LOW CARB LOW FAT

PRO STÜCK: 380 KCAL | 13 G E | 17 G F | 40 G KH
ZZGL. 3 STD. RUHEZEIT
ZUTATEN FÜR 14 STÜCKE

FÜR DEN BODEN

* **140 g weiche Butter zzgl. etwas mehr zum Fetten**
* **1 Prise Salz**
* **50 g Puderzucker zzgl. etwas mehr zum Bestäuben**
* **1 Ei**
* **300 g Mehl Type 405 zzgl. etwas mehr zum Bearbeiten**

FÜR DIE CREME

* **200 g Zucker**
* **30 g Speisestärke**
* **5 Eier, getrennt**
* **1 Prise Salz**
* **800 g Magerquark**
* **250 g Schlagsahne**
* **100 g Milch**
* **10 g selbst gemachter Vanillezucker (Seite 11)**
* **Abrieb und Saft von 1 unbehandelten Zitrone**

1 | Für den Boden Butter, Salz, Puderzucker, Ei sowie Mehl in den geben und **20 Sek.** | **Stufe 4** vermischen.

2 | Teig aus dem nehmen, zu einer Kugel formen, flach drücken, in Frischhaltefolie wickeln und 1 Std. kalt stellen. Den spülen.

3 | Backofen auf 190 °C Ober-/Unterhitze vorheizen. Eine Springform mit Butter einfetten. Den Teig auf einer leicht bemehlten Arbeitsfläche rund ausrollen. Mithilfe des Nudelholzes aufrollen, über der Springform wieder abrollen und den Rand gut andrücken. Den Boden mehrfach mit einer Gabel einstechen. Im Backofen auf einem Rost auf der untersten Schiene 11 Min. vorbacken. Inzwischen mit dem Rezept fortfahren.

4 | Für die Quarkmasse 100 g Zucker und Stärke in ein Schüsselchen einwiegen, mischen und beiseitestellen.

5 | Den Rühraufsatz einsetzen. Eiweiß mit Salz in den fettfreien geben und **3 Min.** | **Stufe 3,5** schlagen. Ohne Messbecher **2 Min.** | **Stufe 3,5** schlagen, dabei die abgewogene Zucker-Stärke-Mischung durch die Deckelöffnung einrieseln lassen. Den Rühraufsatz entfernen. Eischnee in eine große Schüssel umfüllen. und den Rühraufsatz spülen.

6 | Den Rühraufsatz einsetzen. Quark, Sahne, Milch, Eigelbe, 100 g Zucker, Vanillezucker, Zitronenabrieb sowie 3 EL Zitronensaft in den geben und **30 Sek.** | **Stufe 3.5** verrühren. Den Rühraufsatz entfernen. Quarkmischung zum Eischnee geben und locker mit dem unterheben.

7 | Backofentemperatur auf 170 °C Ober-/Unterhitze reduzieren. Quark-Eischnee-Mischung auf den vorgebackenen Boden geben. Auf einem Rost auf der untersten Schiene 20 Min. backen.

8 | Kuchen aus dem Backofen nehmen und die Quarkschicht rundherum im Abstand von 1 cm zum Rand ca. 1 cm tief einschneiden. Kuchen weitere 30 Min. backen, 10 Min. im ausgeschalteten, einen Spalt geöffneten Ofen ruhen lassen, auf einem Kuchengitter vollständig abkühlen lassen. Käsekuchen mit Puderzucker bestäuben, in Stücke schneiden und servieren.

>**TIPP** Wenn ihr die Quarkschicht wie im Rezept angegeben entlang des Rands einschneidet, bilden sich während des weiteren Backvorgangs keine unkontrollierten Risse und der Kuchen behält seine schöne Struktur.

NEW YORK CHEESECAKE

01 | 20 std : min

LOW CARB LOW FAT

PRO STÜCK: 480 KCAL | 10 G E | 33 G F | 36 G KH
ZUTATEN FÜR 12 STÜCKE

FÜR DEN BODEN
- 200 g Butterkekse
- 100 g Butter, in Stücken

FÜR DIE CREME
- 250 g Quark
- 500 g Frischkäse
- 200 g Zucker
- 30 g Stärke
- 1 Ei
- 150 g Sahne
- 30 g Zitronensaft
- 250 g Schmand
- 30 g selbst gemachter Vanillezucker (siehe Seite 11)

1 Backofen auf 180 °C Ober-/Unterhitze vorheizen. Eine Springform (Ø 26 cm) mit Backpapier auslegen. Für den Boden Kekse im **5 Sek.** | **Stufe 8** zerkleinern und umfüllen.

2 Die Butter in den geben und **2 Min.** | **70 °C** | **Stufe 2** schmelzen. Kekse zurück in den geben und **30 Sek.** | **Stufe 2** mit der Butter vermengen. Die Masse auf den Boden der Springform geben und mit einem Löffel glatt streichen. Den spülen.

3 Für die Creme Quark, Frischkäse, Zucker und Stärke im **30 Sek.** | **Stufe 6** cremig rühren. Das Ei, 150 g Sahne sowie 20 g Zitronensaft zufügen und weitere **30 Sek.** | **Stufe 3** verrühren. Creme auf den Keksboden füllen, glatt streichen und 50 Min. im heißen Ofen backen.

4 Kurz vor Ende der Backzeit den Schmand, Vanillezucker sowie restlichen Zitronensaft in den geben, **20 Sek.** | **Stufe 3** verrühren. Den Kuchen herausnehmen, die Creme darauf verstreichen und weitere 10 Min. backen. Cheesecake aus dem Ofen nehmen, abkühlen lassen und servieren.

>TIPP New York Cheesecake unterscheidet sich von traditionellem deutschem Käsekuchen dadurch, dass er zu einem Großteil mit Frischkäse zubereitet wird, während wir überwiegend Quark verwenden. Zudem wird der Boden ganz einfach aus Keksen und zerlassener Butter hergestellt, nicht wie bei uns aus Mürbeteig.

>FRUCHTPÜREE Fruchtsoße harmoniert wunderbar mit dem New York Cheesecake! Und das Beste: Sie ist im Handumdrehen fertig gemixt. Aus frischen Früchten oder TK-Beeren könnt ihr mit dem Thermomix® schnell ein leckeres Fruchtpüree herstellen. Jeweils im Verhältnis 2 : 1 Früchte und Puderzucker im **30 Sek.** | **Stufe 8** pürieren. Wer es feiner mag, streicht das Fruchtpüree noch durch ein Sieb.

EASY

KÄSEKUCHEN OHNE BODEN

01 20
std : min

LOW CARB LOW FAT

PRO STÜCK: 267 KCAL | 15 G E | 12 G F | 25 G KH
ZZGL. 30 MIN. RUHEZEIT
ZUTATEN FÜR 12 STÜCKE

- **125 g weiche Butter zzgl. etwas mehr zum Fetten der Form**
- **6 Eier, getrennt**
- **200 g Zucker**
- **Mark von 1 Vanilleschote**
- **Abrieb von ¼ unbehandelten Zitrone**
- **1000 g Magerquark**
- **50 g Stärke**
- **etwas Puderzucker, zum Bestäuben**

1 | Backofen auf 180 °C Ober-/Unterhitze vorheizen. Den Boden einer Springform (Ø 26 cm) mit Backpapier auslegen und den Rand mit etwas Butter fetten.

2 | Den Rühraufsatz einsetzen. Eiweiße in den fettfreien geben und ohne Messbecher **4 Min.** | **37 °C** | **Stufe 4** steif schlagen. Dann **2 Min.** | **37 °C** | **Stufe 4** schlagen, 100 g Zucker langsam einrieseln lassen. Den Rühraufsatz entfernen und den Eischnee umfüllen.

3 | Butter, 100 g Zucker, Vanillemark sowie Zitronenabrieb in den geben und **2 Min.** | **Stufe 4** schaumig schlagen, dabei nach und nach die Eigelbe zufügen. Mit dem nach unten schieben. Den Quark mit der Stärke zugeben, **20 Sek.** | **Stufe 3,5** verrühren. Die Quarkmasse in eine große Schüssel umfüllen. Den Eischnee unterheben und die Masse in die Backform füllen.

4 | Auf der untersten Schiene des Ofens 30 Min. backen. Dann mit einem Messer am Rand zwischen Kuchen und Form entlangschneiden und weitere 25–30 Min. goldgelb backen. Bei Bedarf die Oberfläche mit Alufolie abdecken. Kuchen 30 Min. im ausgeschalteten Ofen ruhen und dann auf einem Kuchengitter abkühlen lassen. Mit Puderzucker bestäuben und servieren.

> DAZU PASST Zu dem Käsekuchen könnt ihr eine köstliche Himbeersoße reichen. Dafür 200 g frische Himbeeren oder TK-Beeren mit ½ Vanilleschote und nach Belieben 20 g Zucker **6 Min.** | **100 °C** | **Stufe 2** kochen, umfüllen und abkühlen lassen. Schmeckt auch lecker mit anderen Beeren.

> TIPP Die Springform solltet ihr vor dem Einfüllen der Masse mit Backpapier auslegen, damit die Masse nicht anklebt und ihr den abgekühlten Kuchen später mithilfe des Papiers leicht vom Boden ziehen könnt. Das Backpapier dafür am besten über den Boden legen, dann den Springformrand darüber festspannen. Überstehendes Papier könnt ihr abschneiden, dabei 2–3 cm stehen lassen.

RICOTTA-KÄSEKUCHEN MIT BEEREN

01 | 20 std : min

PRO STÜCK: 297 KCAL | 15 G E | 15 G F | 27 G KH

ZZGL. 45 MIN. KÜHLZEIT

ZUTATEN FÜR 14 STÜCKE

- **etwas Butter zum Fetten der Form**
- **60 g Mandelkerne**
- **100 g weiße Schokolade, in Stücken**
- **100 g Zucker**
- **10 g selbst gemachter Vanillezucker (siehe Seite 11)**
- **40 g Mehl Type 405**
- **500 g Magerquark**
- **500 g Ricotta**
- **6 Eier**
- **250 g Blaubeeren**
- **250 g Himbeeren**
- **2 TL Puderzucker**

1 | Backofen auf 175 °C Ober-/Unterhitze vorheizen. Den Boden einer Springform (Ø 26 cm) einfetten.

2 | Mandeln im Mixtopf **4 Sek.** | **Stufe 7** zerkleinern. Den Boden der vorbereiteten Springform mit den zerkleinerten Mandeln ausstreuen, gut andrücken und 15 Min. in den Kühlschrank stellen.

3 | Schokolade in den Mixtopf geben, **6 Sek.** | **Stufe 8** zerkleinern und umfüllen. Zucker, Vanillezucker und Mehl in einer Schüssel mischen.

4 | Den Rühraufsatz einsetzen. Quark mit Ricotta in den Mixtopf geben, **1 Min.** | **Stufe 2,5** verrühren. Dann ohne Messbecher **1 Min.** | **Stufe 2,5** rühren, dabei nach und nach die Zucker-Mehl-Mischung durch die Deckelöffnung rieseln lassen. Eier mit 90 g zerkleinerter Schokolade zufügen und **40 Sek.** | **Stufe 2,5** unterrühren. Den Rühraufsatz entfernen.

5 | 2/3 der Quarkmischung in die Springform füllen, gleichmäßig verstreichen und mit 1/3 der Beeren bestreuen. Dann mit der restlichen Quarkmischung bedecken, mit 1/3 der Beeren bestreuen und auf der untersten Schiene des Backofens 45 Min. backen. Im ausgeschalteten, geschlossenen Ofen 30 Min. auskühlen lassen. Dann in der Springform auf einem Kuchengitter vollständig auskühlen lassen.

6 | Kuchen aus der Form lösen, mit den restlichen Beeren und der übrigen Schokolade bestreuen, mit Puderzucker bestäuben und servieren.

> **TIPP** Ricotta und Quark rechtzeitig vor dem Backen aus dem Kühlschrank nehmen und Zimmertemperatur annehmen lassen. So lassen sich die beiden Zutaten besser zu einer homogenen Creme verquirlen.

KÄSEKUCHEN MIT SCHOKOBODEN UND ROTER GRÜTZE

01 45 std : min

LOW CARB LOW FAT

PRO STÜCK: 407 KCAL | 18 G E | 18 G F | 42 G KH

ZZGL. 1 STD. 30 MIN. RUHEZEIT

ZUTATEN FÜR 12 STÜCKE

FÜR DEN BODEN

- **200 g Mehl Type 405 zzgl. etwas mehr zum Ausrollen**
- **100 g Zucker**
- **100 g Butter, in Stücken, zzgl. etwas mehr zum Fetten**
- **50 g Kakaopulver**
- **1 Ei**
- **1 EL Wasser**
- **1 Prise Salz**

FÜR DIE CREME

- **1000 g Quark**
- **600 g Milch**
- **200 g Zucker**
- **2 Eier**
- **1 Pck. Vanillepuddingpulver**
- **80 g Sonnenblumenöl**
- **Mark von 1 Vanilleschote**
- **Saft und Abrieb von 1 unbehandelten Zitrone**

FÜR DIE ROTE GRÜTZE

- **300 g Beerenmischung (TK), aufgetaut**
- **250 g Kirschsaft**
- **25 g selbst gemachter Vanillezucker (siehe Seite 11)**
- **15 g Stärke**

1 | Für den Boden alle Zutaten in den geben, **30 Sek.** | **Stufe 4** vermengen. Teig flach formen, in Frischhaltefolie wickeln und 30 Min. kalt stellen. Den reinigen.

2 | Ofen auf 200 °C Ober- /Unterhitze vorheizen. Springform (Ø 26 cm) mit Backpapier auslegen. Teig auf einer bemehlten Arbeitsfläche ausrollen. In die Springform drücken, dabei einen Rand hochziehen, mit einer Gabel mehrfach einstechen und 10 Min. vorbacken.

3 | Inzwischen für die Creme Rühraufsatz in den einsetzen. Alle Zutaten für die Creme im **20 Sek.** | **Stufe 3** verrühren. Backofentemperatur auf 160 °C Ober-/Unterhitze reduzieren. Die Quarkmasse gleichmäßig auf dem Boden verteilen und den Kuchen 1 Std. backen. Den Ofen ausschalten und Kuchen darin abkühlen lassen. Den reinigen.

4 | In der Zwischenzeit die Beerenmischung mit Kirschsaft, Vanillezucker sowie Stärke in den geben und **8 Min.** | **90 °C** | | **Stufe 1** kochen. Die rote Grütze etwas abkühlen lassen, und gleichmäßig auf dem Käsekuchen verteilen. Kuchen bis zum Servieren kalt stellen.

>TIPP Käsekuchen ist fertig gebacken, wenn die Masse noch etwas weich ist, sie härtet beim Auskühlen noch nach. Damit der Kuchen nicht zu dunkel wird, könnt ihr ihn zum Beispiel mit Backpapier abdecken. Käsekuchen mögen keine heftigen Temperaturunterschiede, lasst ihn deshalb zunächst einfach im geöffneten Backofen auskühlen und nehmt ihn erst nach etwa 1 Stunde heraus.

RUSSISCHER ZUPFKUCHEN

01 | 10 std : min

PRO STÜCK: 409 KCAL | 10 G E | 28 G F | 30 G KH
ZUTATEN FÜR 20 STÜCKE

FÜR DEN BODEN

- **280 g weiche Butter, in Stücken**
- **200 g Zucker**
- **450 g Mehl Type 405 zzgl. etwas mehr zum Bearbeiten**
- **50 g Kakaopulver**
- **1 Pck. Backpulver**
- **3 TL selbst gemachter Vanillezucker (siehe Seite 11)**
- **2 Eier**

FÜR DIE FÜLLUNG

- **350 g weiche Butter, in Stücken**
- **1000 g Quark**
- **2 TL selbst gemachter Vanillezucker (siehe Seite 11)**
- **2 Pck. Vanillepuddingpulver**
- **4 Eier**
- **250 g Zucker**
- **40 g Cappuccinopulver**

1 | Den Backofen auf 180 °C Ober-/Unterhitze vorheizen. Für den Boden alle Zutaten in den ◯ geben und **40 Sek.** | **Stufe 5** verkneten, umfüllen. $^2/_3$ des Knetteigs auf einem mit Backpapier ausgelegten tiefen Backblech ausrollen.

2 | Für die Füllung ebenfalls alle Zutaten in den ◯ geben. **1 Min.** | **Stufe 5** zu einer cremigen Masse verarbeiten. Quarkmasse gleichmäßig auf dem Backblech verteilen.

3 | Den restlichen Knetteig auf einer leicht bemehlten Arbeitsfläche ausrollen und mit Ausstechern nach Wahl z. B. Blumen oder Sterne ausstechen und auf der Quarkmasse verteilen.

4 | Den Kuchen im vorgeheizten Backofen etwa 50 Min. backen. Wenn der Kuchen zu dunkel zu werden droht, mit Backpapier oder Alufolie abdecken.

>RUSSISCHER ZUPFKUCHEN Die himmlische Verbindung von Schokolade mit Vanille – sozusagen die Traumhochzeit auf dem Kaffeetisch! Wir haben den Zupfkuchen mit Cappuccino verfeinert und auf dem Blech gebacken, so könnt ihr ihn in beliebig große Stücke schneiden. Auch kleine Würfel kommen auf einem Büfett gut an!

>VARIANTE Das Cappuccinopulver könnt ihr auch einfach weglassen, wenn Kinder mit an der Kaffeetafel sitzen oder ihr lieber auf Kaffee verzichten wollt.

GEBÄCK AUS DEM VAROMA®

In heißem Dampf gegart gelingen Kuchen und Teilchen unvergleichlich luftig und saftig. Probiert es unbedingt aus!

WASSERDICHT

Deckt eure Backformen vor dem Garvorgang mit hitzebeständiger Frischhaltefolie ab, damit während des Garens kein Kondenswasser auf das Gebäck tropft. Spannt die Folie dabei nicht zu fest, da die Teige in den Förmchen noch aufgehen. Falls nötig, könnt ihr die Folie mit Gummibändern fixieren.

KUCHENVIELFALT

Für leckere Kuchen braucht ihr nicht immer einen Backofen. Auch heißer Dampf kann Teige garen! Im Thermomix® könnt ihr die unterschiedlichsten Gebäcke zubereiten. Vermutlich mehr, als ihr denkt! Neben den klassischen Germknödeln lassen sich auch Muffins, Rührteigkuchen, Lava Cakes, Käsekuchen, Puddingdesserts und Hefegebäck zubereiten. Auf den folgenden Seiten zeigen wir euch eine köstliche Auswahl, die euch ganz bestimmt dazu inspiriert, das wertvolle Zubehör, das ihr mit eurem Zaubertopf in eure Küche geholt habt, noch häufiger einzusetzen. Also holt Varoma®, Einlegeboden, Deckel und Backförmchen heraus, jetzt machen wir Dampf!

DAMPFGAREN IN 3 SCHRITTEN

1. Prüft eure Backformgröße und passt die Wassermenge im entsprechend an. Denn: Je länger der Garvorgang dauert, desto mehr Wasser verdampft.
2. Nach dem Einfüllen des Wassers setzt den Varoma® noch ohne die Backform auf den Thermomix®. So kann kein Förmchen umkippen oder Teig überlaufen.
3. Nach dem Garvorgang den Deckel stets zur euch abgewandten Seite öffnen. Der heiße Dampf steigt sofort auf, auf diese Weise kommt er euch nicht zu nah.

BACKFORM	GARZEIT	WASSER-FÜLLMENGE IM
Kastenform (20 × 7 cm)	ca. 65 Min.	1250 g
Gugelhupf (Ø 16 cm)	ca. 60 Min.	1100 g
Springform (Ø 18 cm)	45–70 Min.	800–1250 g
Silikon-Muffinform für Varoma® mit 7 Mulden	ca. 35 Min.	600 g
Silikon-Muffinförmchen (8 Stück)	20–25 Min.	500 g

DIE PASSENDE BACKFORM

Im Varoma® könnt ihr mit unterschiedlichen Backformen arbeiten. Das Wichtigste ist bei jeder: Der Deckel muss den Varoma® vollständig verschließen, damit keine Luft während des Dampfgarens entweicht. Das bedeutet, eure Backform sollte nicht höher als 10 cm sein und 18 cm Durchmesser nicht überschreiten.

Für den Varoma®

Hier passen kleine niedrige Spring- oder Kastenformen, Silikonförmchen wie zum Beispiel die „ZauberCups" und die Silikon-Muffinform (siehe rechts) sowie auch hitzebeständige Dessertförmchen, Einmach- und Schraubgläser mit etwa 200 ml Füllmenge. Glasförmchen solltet ihr – anders als die Silikonförmchen – vor dem Befüllen einfetten. Alle werden heiß!

Für den Einlegeboden

Hier könnt ihr selbst geschnittenes Backpapier einsetzen oder alternativ passgenaue Garpapiere sowie wiederverwendbare Dauerbackfolien und Silikon-Auflaufformen verwenden.

Unter www.zaubertopf-shop.de findet ihr eine große Auswahl ideal für den Varoma® geeigneter Back- und Garformen, -folien und -papiere.

GAREN IM GLAS

Für ein Menü oder das Kuchenbüfett sind Desserts und Gebäck im Glas eine hübsche Idee. Denn die kleinen Portionen sehen elegant aus und können auch im Stehen gegessen werden. Die Käsekuchen aus diesem Backbuch, die sonst im Ofen gebacken werden, könnt ihr in passenden Einmachgläsern (siehe oben) auch im Varoma® zubereiten. Dafür die Förmchen maximal zu zwei Dritteln befüllen, dann bleibt nach dem Abkühlen noch Platz für ein Fruchtpüree als Topping! Während des Garens mit Glasdeckeln oder Folie abdecken.

FRISCHES GEBÄCK AUCH UNTERWEGS

VIELE CAMPER SCHWÖREN DARAUF, IHREN ZAUBERTOPF AUCH AUF REISEN DABEIZUHABEN. DENN: DER VAROMA® ERSETZT UNTERWEGS DEN FEHLENDEN BACKOFEN!

SCHOKOKUCHEN

00 40 std : min

LOW CARB LOW FAT

PRO PORTION: 308 KCAL | 6 G E | 22 G F | 20 G KH
ZUTATEN FÜR 12 STÜCKE

- **150 g Mandelkerne**
- **150 g Zartbitterschokolade, in Stücken**
- **150 g Butter, in Stücken**
- **150 g Zucker**
- **1½ TL Backpulver**
- **3 Eier**
- **500 g Wasser**
- **1 EL Puderzucker**

1 | Einlegeboden so mit Backpapier auslegen, dass die seitlichen Dampfschlitze frei bleiben.

2 | Mandeln in den Mixtopf geben, **7 Sek.** | **Stufe 8** zerkleinern und umfüllen. Schokolade in den Mixtopf geben, **10 Sek.** | **Stufe 8** zerkleinern und mit dem Spatel nach unten schieben. Butter zugeben und **5 Min.** | **50 °C** | **Stufe 3** schmelzen.

3 | Gemahlene Mandeln, Zucker, Backpulver und Eier zugeben und **30 Sek.** | **Stufe 4** verrühren. Teig auf dem Einlegeboden verteilen und in den Varoma® setzen. Mixtopf spülen.

4 | Wasser in den Mixtopf geben, Varoma® aufsetzen und **25 Min.** | **Varoma®** | **Stufe 2** garen. Den Deckel abnehmen und den Kuchen auf dem Einlegeboden abkühlen lassen. Dann auf eine Servierplatte stürzen und das Backpapier abziehen. Kuchen mit Puderzucker bestäuben und servieren.

> **BACKPAPIER** Um einen herkömmlichen Bogen Backpapier für den Einlegeboden vorzubereiten, legt den Boden kopfüber auf das Papier und zeichnet mit einem Stift entlang der Außenseite. Nun die ovale Form ausschneiden und in den Einlegeboden legen. dabei darauf achten, dass die aufsteigende Luft noch durch einige der Seitenschlitze des Bodens aufsteigen, Teig aber nicht hindurch laufen kann.

EASY

KÄSEKÜCHLEIN MIT FRUCHTSOSSE

00 45 std : min

LOW CARB LOW FAT

PRO STÜCK: 348 KCAL | 11 G E | 18 G F | 35 G KH
ZUTATEN FÜR 8 STÜCK

- 820 g Aprikosen (Dose)
- 25 g Amarettini oder andere Mandelplätzchen
- 20 g Pistazienkerne
- 10 g brauner Zucker
- Saft von 1 Limette
- 8–10 Blättchen Basilikum
- 50 g Butter, in Stücken, zzgl. etwas mehr zum Fetten
- 500 g Magerquark
- 150 g Sahne
- 1 Ei
- 10 g selbst gemachter Vanillezucker (siehe Seite 11)
- 100 g Zucker
- 1 Prise Salz
- 40 g Stärke
- Abrieb von ½ unbehandelten Zitrone
- 2 TL Zitronensaft
- 600 g Wasser

AUSSERDEM
- 8 kleine Sturzgläser oder Silikonförmchen

1 | Aprikosen abtropfen lassen, dabei 50 g Saft auffangen. Amarettini, Pistazien sowie braunen Zucker in den Mixtopf geben und **8 Sek.** | **Stufe 6** zerkleinern. Anschließend umfüllen. Den Mixtopf spülen.

2 | Aprikosen und -saft mit Limettensaft sowie Basilikum in den Mixtopf geben, **10 Sek.** | **Stufe 9** pürieren und umfüllen. Den Mixtopf erneut spülen.

3 | Butter in den Mixtopf geben und **3 Min.** | **60 °C** | **Stufe 1** schmelzen lassen. Dann Quark, Sahne, Ei, Vanillezucker, Zucker, Salz, Stärke, Zitronenschale und -saft zufügen, alles **30 Sek.** | **Stufe 5,5** verrühren.

4 | 8 Sturzgläser einfetten, Pistazienbrösel auf die Gläser verteilen und die Quarkmasse einfüllen. Die Gläser sollten nicht mehr als ¾ voll sein, da die Küchlein beim Garen aufgehen. Gläser mit Deckel oder Folie abdecken und den Mixtopf reinigen.

5 | Wasser in den Mixtopf einfüllen, den Varoma® aufsetzen und die Gläser darin verteilen. Den Varoma® mit dem Deckel verschließen und Küchlein **30 Min.** | **Varoma®** | **Stufe 1** garen. Anschließend den Varoma® vorsichtig zur Seite stellen.

6 | Die Küchlein können warm serviert werden, dann nur etwas abkühlen lassen. So sind sie leicht und fluffig. Oder man lässt sie vollständig auskühlen, dann werden sie fester und stabiler. Zum Servieren Küchlein stürzen und zusammen mit der Aprikosensoße und nach Wunsch mit gehackten Pistazienkernen servieren.

> **TIPP** Für die Zubereitung könnt ihr die praktischen „ZauberCups" aus Silikon verwenden. Ein 8-teiliges Set, das im Varoma®, im Backofen sowie auch im Tiefkühler verwendet werden kann, bekommt ihr unter www.zaubertopf-shop.de

SCHOKOKÜCHLEIN MIT FLÜSSIGEM KERN

00 25
std : min

PRO STÜCK: 687 KCAL | 14 G E | 43 G F | 64 G KH
ZUTATEN FÜR 6 STÜCK

- **100 g weiche Butter zzgl. etwas mehr zum Fetten**
- **30 g Kakaopulver zum Bestäuben**
- **150 g Puderzucker**
- **Abrieb von 1 unbehandelten Orange**
- **1 TL Kardamompulver**
- **350 g Edelbitterschokolade, in Stücken**
- **1 Prise Salz**
- **5 Eier**
- **1 TL Vanilleextrakt**
- **1 TL Zimtpulver**
- **60 g gemahlene Mandelkerne**
- **500 g kochendes Wasser**

AUSSERDEM

- **6 Muffinformen**

1 | Die Muffinformen mit Butter einfetten und mit Kakaopulver ausstäuben. Puderzucker, Orangenschale sowie Kardamom im **20 Sek.** | **Stufe 10** mahlen. Mit dem nach unten schieben. Schokolade zugeben und **7 Sek.** | **Stufe 9** zerkleinern. Mit dem nach unten schieben.

2 | Butter mit Salz zugeben und **3 Min.** | **60 °C** | **Stufe 3** vermischen. Rühraufsatz einsetzen und erneut **2 Min.** | **60 °C** | **Stufe 3** vermischen. Anschließend **2 Min.** | **Stufe 4** weitermixen und dabei langsam die Eier nach und nach durch die Öffnung im Deckel des geben.

3 | Vanilleextrakt, Zimt und gemahlene Mandeln zugeben, alles **10 Sek.** | **Stufe 4** mischen. Mit dem nach unten schieben und noch einmal **5 Sek.** | **Stufe 4** vermischen. Den Teig gleichmäßig auf die vorbereiteten Förmchen verteilen und in den Varoma® sowie auf den Einlegeboden setzen.

4 | 500 g kochendes Wasser in den füllen und den Varoma® aufsetzen. Die Küchlein **12 Min.** | **Varoma®** | **Stufe 2** dämpfen. Anschließend Küchlein auf Teller stürzen und nach Belieben mit einer Kugel Eis oder Sahne servieren.

>LAVA CAKE Jeder liebt sie, die kleinen Küchlein mit dem flüssigen Kern! Viele trauen sich jedoch nicht an die Zubereitung heran. Denn: Es gilt, den perfekten Garpunkt abzupassen, zu dem die Schokolade im Inneren die flüssige Konsistenz hat. Mit dem Thermomix® wird diese Herausforderung jetzt zum Kinderspiel! Der Thermomix® hält die benötigte Gar-Temperatur fortwährend präzise ein und beendet den Garvorgang exakt nach der eingestellten Zeit. Der heiße Dampf sorgt zudem dafür, dass das Gebäck während des Garens nicht austrocknet, sondern schön saftig bleibt. So übernimmt der Zaubertopf für euch die „heiklen" Arbeitsschritte.

CHOCOLATE-CHIP-MUFFINS

01 | 20
std : min

LOW CARB LOW FAT

PRO STÜCK: 221 KCAL | 5 G E | 9 G F | 31 G KH
ZUTATEN FÜR 14 STÜCK

- **50 g Butter, in Stücken zzgl. etwas mehr zum Fetten**
- **300 g Mehl Type 405 zzgl. etwas mehr zum Bestäuben der Form**
- **2 TL Backpulver**
- **80 g Puderzucker**
- **225 g Milch**
- **2 Eier**
- **1 TL Vanilleextrakt**
- **200 g Schokotropfen (Zartbitter oder Vollmilch)**
- **etwa 800 g Wasser**

AUSSERDEM

- **14 Silikon-Muffinformen**

1 | Die Silikon-Muffinformen mit Butter einfetten, mit Mehl bestäuben und beiseitestellen.

2 | Die Butter in den Mixtopf geben und **10 Sek.** | **Stufe 4** verrühren. Dann mit dem Spatel nach unten schieben. Mehl, Backpulver, Puderzucker, Milch, Eier und Vanilleextrakt zufügen. Alles **30 Sek.** | **Stufe 4** zu einem Teig vermengen.

3 | Schokotropfen, bis auf eine Handvoll zum Garnieren, zugeben und **20 Sek.** | Linkslauf | **Stufe 2** untermischen. Den Teig in einen Spritzbeutel mit einer breiten Tülle geben und die vorbereiteten Muffinförmchen damit zu $^2/_3$ füllen Alternativ einen Eisportionierer verwenden. Restliche Schokotropfen darüberstreuen, die Förmchen mit Frischhaltefolie abdecken und die ersten 7 Förmchen in den Varoma® stellen.

4 | Den Mixtopf reinigen und anschließend 500 g Wasser einfüllen. Den Varoma® aufsetzen und **30 Min.** | **Varoma®** | **Stufe 2** garen. Dann das Wasser wieder auf 500 g auffüllen und mit den anderen 7 Förmchen ebenso verfahren.

> **TIPP** Die Silikon-Muffinform, die wir verwendet haben, ist passgenau für den Varoma® entwickelt. Der Wasserdampf kann hervorragend um die Form herum zirkulieren und der Deckel des Varoma® schließt darüber bündig ab. Die Backform kann natürlich auch im Backofen eingesetzt oder zum Tiefkühlen kleiner Eisportionen und Ähnlichem verwendet werden. Zudem ist sie spülmaschinenfest. Unter www.zaubertopf-shop.de bekommt ihr die vielseitige Backform.

EASY

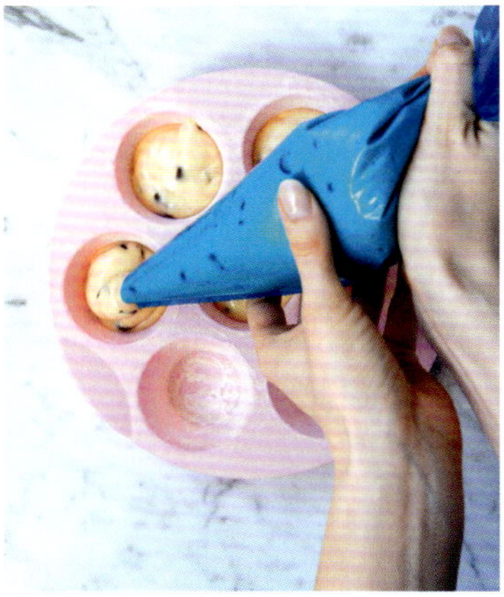

ZUCCHINI-NUSS-BROWNIE

00 45 std : min

LOW CARB LOW FAT

PRO STÜCK: 458 KCAL | 8 G E | 30 G F | 34 G KH
ZUTATEN FÜR 10 STÜCKE

- 130 g Haselnusskerne
- 140 g Mehl Type 405
- 20 g Kakaopulver
- 1½ TL Weinsteinbackpulver
- ¾ TL Natron
- ¼ TL Zimtpulver
- 150 g Zucchini, in Stücken
- 2 Eier
- 160 g Zucker
- 100 g Rapsöl
- 750 g Wasser
- 100 g Zartbitterschokolade, in Stücken
- 30 g Sahne
- 200 g Frischkäse
- 30 g Vollmilchschokolade

1 | Den Einlegeboden so mit Backpapier auslegen, dass die seitlichen Dampfschlitze frei bleiben.

2 | Nüsse in den geben und **7 Sek.** | **Stufe 8** zerkleinern, umfüllen. Mehl, Kakaopulver, Backpulver, Natron und Zimt zugeben, mit dem vermischen und umfüllen.

3 | Zucchini in den geben, **4 Sek.** | **Stufe 4,5** zerkleinern und umfüllen. Rühraufsatz einsetzen, Eier und Zucker in den geben und **2 Min.** | **Stufe 3** cremig rühren.

4 | Weitere **2 Min.** | **Stufe 3** rühren, dabei das Öl langsam auf den -Deckel gießen und am Messbecher vorbei auf das laufende Messer träufeln lassen.

5 | Mehlmischung und zerkleinerte Zucchini zugeben und **15 Sek.** | **Stufe 2,5** untermischen. Rühraufsatz entfernen, Teig auf dem Einlegeboden verteilen, Einlegeboden in den Varoma® setzen. und Rühraufsatz spülen.

6 | Wasser in den geben, Varoma® aufsetzen und **20 Min.** | **Varoma®** | **Stufe 2** garen.

7 | Varoma® auf einem Teller beiseitestellen. Deckel sofort abnehmen und den Kuchen auf dem Einlegeboden abkühlen lassen. Den spülen.

8 | Zartbitterschokolade in den geben, **6 Sek.** | **Stufe 6** zerkleinern und mit dem nach unten schieben. Sahne zugeben und **2 Min.** | **40 °C** | **Stufe 1** schmelzen.

9 | Rühraufsatz einsetzen. Frischkäse zugeben und **20 Sek.** | **Stufe 2** unterrühren. Rühraufsatz entfernen.

10 | Brownie auf eine Servierplatte stürzen und das Backpapier abziehen. Creme auf den abgekühlten Kuchen streichen. Vollmilchschokolade mit einem Sparschäler in Locken über die Creme hobeln und servieren.

>TIPP Die Zucchini ist im fertigen Kuchen nicht zu schmecken, sie verleiht dem Teig aber eine tolle saftige Struktur und sorgt dafür, dass der Brownie besonders lange frisch bleibt.

>BACKFORM Um Kuchen wie diesen im Varoma® zu backen, eignet sich auch die Silikon-Auflaufform, die passgenau im flachen Einlegeboden liegt und das Herauslösen des Gebäcks erleichtert. Ihr könnt sie zum Backen und Kochen verwenden. Mehr dazu im Ratgeber auf Seite 74.

MÜRBETEIG

So einfach und so gut – der Teig aus nur vier Zutaten gelingt mit ein paar Tricks immer genau, wie ihr ihn liebt

TOLLE DEKORATION

Mit Mürbeteig lassen sich wunderbare Dekore für Kuchen herstellen. Speziell auf Obstkuchen oder Tartes mit Frucht- oder Cremefüllungen sehen diese toll aus. Aus dem Teig könnt ihr Streifen schneiden, die ihr wie ein Gitter über die Füllung legt (siehe auch Seite 88), alternativ könnt ihr auch hübsche Formen ausstechen und diese je nach Jahreszeit und Anlass auf dem Gebäck dekorieren. Dabei könnt ihr die Teilchen auch leicht überlappen und etwas über den Rand ragen lassen, das bringt noch mehr Lebendigkeit und Tiefe.

TOPPING-TIPPS

VOR DEM BACKEN

Eigelb 1 Eigelb glatt rühren und Kekse oder Kuchendeckel damit bestreichen. Nach Belieben jetzt mit Zuckerdekor verzieren und dann goldgelb backen.

NACH DEM BACKEN

Schokoladenglasur Für perfekte Glasur 300 g Kuvertüre **5 Sek. | Stufe 8** hacken. 75 g Butter zugeben, **5 Min. | 55 °C | Stufe 2** schmelzen. Gebäck dekorieren.

Zuckerguss Für weißen, knusprigen Zuckerguss 250 g Puderzucker mit 3 EL Wasser oder Zitronensaft **10 Sek. | Stufe 6** verrühren, kaltes Gebäck damit verzieren.

Beide nach Belieben mit Zuckerdekor dekorieren, ehe Glasur oder Guss fest werden.

RIEGEL STATT KUGEL

Häufig wird in Rezepten der Mürbeteig zu einer Kugel geformt und kalt gestellt. Allerdings kühlt diese nur langsam durch und lässt sich schwer verarbeiten, wenn der Teig fest ist. Formt den Teig besser zu einem flachen Riegel, den ihr dann kalt stellt. Er ist rasch durchgekühlt und zur Verarbeitung bereit. Zudem könnt ihr ihn mit dem Nudelholz einfacher flach rollen als eine Kugel.

AROMAKICK

- KAKAO
- ESPRESSOPULVER
- GEMAHLENE NÜSSE
- MOHN
- ZIMT
- LEBKUCHEN-GEWÜRZ
- MATCHA-PULVER
- PULVERISIERTE TROCKENFRÜCHTE

EXTRA-GESCHMACK

Ihr habt Lust, den klassischen Mürbeteig mit etwas mehr Geschmack zu versehen? Dann ersetzt einen Teil des Mehls durch andere Pulver oder gemahlene Nüsse, die dem Teig ein anderes Aussehen und Aroma verleihen. Rund 75 Prozent des Mehls sollten dennoch erhalten bleiben, damit die Konsistenz des Gebäcks bestehen bleibt. Bei Zutaten wie Kakaopulver genügt auch eine Zugabe von wenigen Esslöffeln, bei Gewürzen reichen 1–2 Teelöffel.

DER BESTE MÜRBETEIG

Mit diesem Grundrezept seid ihr immer auf der sicheren Seite und der Teig ist in wenigen Sekunden zubereitet.

Für etwa 1 Teig für 1 Kuchen oder 3–4 Bleche Plätzchen (je nach Größe):
125 g Zucker in den geben und **15 Sek. | Stufe 10** pulverisieren. 500 g Mehl, 250 g kalte Butter in Stücken und 1 Ei zugeben, **30 Sek. | Stufe 5** verkneten. Den Teig auf die Arbeitsfläche geben und kurz zu einem geschmeidigen Teig verkneten. Diesen zu einem flachen Riegel formen, in Frischhaltefolie einschlagen und 20 Min. kalt stellen. Nach Belieben verarbeiten.

Kekse Teig 3–4 mm dick ausrollen und Kekse ausstechen. Auf einem Backblech bei 180 °C 10–12 Min. hell backen. 2 Min. auf dem Blech ruhen lassen, dann auf einem Rost auskühlen lassen.

Böden und Deckel Teig ausrollen und auf dem Boden der Backform auslegen, mehrfach einstechen und bei 200 °C 10–12 Min. vorbacken. Etwas abkühlen lassen, dann je nach Rezept weiterverarbeiten.

KALTE BUTTER

Das Geheimnis guten Mürbeteigs ist kalte Butter. Sie sorgt für die knusprig-mürbe Konsistenz des Gebäcks. Während ihr den Teig verarbeitet, geben eure Hände und der Raum Wärme an den Teig ab, die Butter wird wieder weich und der Teig wird klebrig. Daher speziell beim Kekse ausstechen immer nur einen Teil verarbeiten und den übrigen im Kühlschrank liegen lassen. Falls nötig, den Teig zwischendurch erneut für 15–20 Min. kalt stellen

WELCHER ZUCKER?

Weißer und brauner Kristallzucker sorgen für eine knusprige Konsistenz mit leichtem Biss, das passt gut zu Kuchenböden. Puderzucker ergibt einen absolut seidig-glatten Teig, also ideal für hübsches Kleingebäck.

ZUVERLÄSSIG

Eine Teigmatte aus Silikon ist äußerst hilfreich für die Arbeit mit Teigen. Sie lösen sich einfacher von ihrer Oberfläche, ihr könnt den Teig mithilfe der Maßangaben auf die perfekte Größe ausrollen und ihr könnt die Matte selbst zum Kneten verwenden, indem ihr die Ränder über den Teig schlagt und dabei wälzt und knetet. Ihr findet das empfohlene Produkt unter www.zaubertopf-shop.de

CROSTATA MIT VANILLECREME

01 00
std : min

LOW CARB LOW FAT

PRO STÜCK: 354 KCAL | 5 G E | 20 G F | 35 G KH
ZZGL. 1 STD. RUHEZEIT
ZUTATEN FÜR 14 STÜCKE

FÜR DEN MÜRBETEIG

- **80 g Zucker**
- **50 g blanchierte Mandelkerne**
- **300 g Mehl Type 405 zzgl. etwas mehr zum Bearbeiten**
- **180 g kalte Butter, in Stücken, zzgl. etwas mehr zum Einfetten**
- **1 Ei**
- **Salz**

FÜR DIE FÜLLUNG

- **60 g Zucker**
- **½ Vanilleschote**
- **Abrieb und Saft von 1 unbehandelten Zitrone**
- **2 Eigelb**
- **250 g Milch**
- **250 g Sahne**
- **40 g Stärke**

FÜR DIE BEEREN

- **150 g Rote Johannisbeeren**
- **150 g Blaubeeren**
- **250 g Erdbeeren**
- **20 g Zitronensaft**
- **20 g Zucker**
- **2 TL Puderzucker**

1 Für den Mürbeteig Zucker und Mandeln in den geben, **20 Sek.** | **Stufe 10** pulverisieren, mit dem nach unten schieben. Mehl, Butter, Ei sowie 1 Prise Salz zufügen und **20 Sek.** | **Stufe 4** vermischen. Teig aus dem nehmen, auf einer leicht bemehlten Arbeitsfläche zusammenkneten und zu einem flachen Riegel formen. In Frischhaltefolie wickeln und 30 Min. in den Kühlschrank legen. In dieser Zeit mit dem Rezept fortfahren.

2 Für die Füllung Zucker, Vanilleschote sowie Zitronenschale im **25 Sek.** | **Stufe 10** pulverisieren. Mit dem nach unten schieben. Den Rühraufsatz einsetzen. Eigelbe zufügen und **30 Sek.** | **Stufe 3,5** cremig rühren.

3 Milch, Sahne, Stärke sowie 1 Prise Salz zugeben und **7 Min.** | **100 °C** | **Stufe 2** kochen. Deckel abnehmen und die Creme 30 Min. abkühlen lassen. In dieser Zeit mit dem Rezept fortfahren.

4 Backofen auf 200 °C Ober-/Unterhitze vorheizen. Tarteform (Ø 28 cm, mit herausnehmbarem Boden) gut fetten. Teig halbieren, eine Hälfte ausrollen (Ø ca. 30 cm), mit dem Nudelholz aufrollen und über der Tarteform abrollen. Rand gut andrücken und begradigen. Boden mehrfach mit einer Gabel einstechen.

5 Zitronensaft zur Creme in den zugeben und **20 Sek.** | **Stufe 2,5** verrühren. Rühraufsatz entfernen. Creme auf den Teigboden in der Tarteform geben und gleichmäßig verstreichen.

6 Restlichen Teig auf der bemehlten Arbeitsfläche ausrollen (ca. 20 x 28 cm). Mit einem gewellten Teigrad in ca. 1,5 cm breite Streifen schneiden. Die Streifen im Gittermuster auf die Tarte legen, dabei passend schneiden. Die Tarte auf der untersten Schiene 30–35 Min. backen und in der Form auf einem Gitter etwas abkühlen lassen.

7 In der Zwischenzeit die Johannisbeeren von den Rispen streifen, Blaubeeren verlesen, Erdbeeren in Scheiben schneiden, mit 20 g Zitronensaft und 20 g Zucker mischen und 20 Min. bei Zimmertemperatur ziehen lassen. Tarte aus der Form lösen, auf eine Tortenplatte setzen, mit Puderzucker bestäuben und mit den Beeren servieren.

>TIPP Statt des Webmusters sehen auch mit Plätzchenausstechern ausgestochene Blätter oder andere Formen hübsch aus. Diese können ebenfalls leicht übereinanderlappend auf der gesamten Oberfläche drapiert werden – siehe Seite 86.

2
PALERMO - Castello della Zisa

APFELMUS-STREUSEL-BLECHKUCHEN

01 00
std : min

LOW CARB LOW FAT

PRO STÜCK: 324 KCAL | 4 G E | 14 G F | 47 G KH
ZUTATEN FÜR 16 STÜCKE

- **250 g Butter, in Stücken**
- **200 g Zucker**
- **450 g Mehl Type 405**
- **1 TL Zimtpulver**
- **1 Ei**
- **1050 g Apfelmus (Glas)**

1 | Den Backofen auf 180 °C Ober-/Unterhitze vorheizen. Ein Blech mit Backpapier auslegen.

2 | Alle Zutaten, bis auf das Apfelmus, in den [Mixtopf-Symbol] geben und **30 Sek.** | **Stufe 4** zu einem Teig vermengen. Etwas mehr als die Hälfte des Teigs auf das Backblech geben und als Boden andrücken.

3 | Apfelmus auf dem Teig verteilen. Restlichen Teig als Streusel darüber verteilen und im heißen Ofen 40–50 Min. backen.

>VARIANTE Statt Apfelmus könnt ihr auch Pflaumenmus oder Aprikosenmus verwenden. Bitte beachtet, dass Backbleche – je nach Ofen – unterschiedliche Maße haben (45 × 37, 43 × 37 oder 42 × 36 cm). Wir haben ein Blech mit 42 x 36 cm verwendet. Der Kuchen ist dabei recht flach. Wenn ihr ein größeres Blech habt oder mehr Teig möchtet, passt die Mengen dementsprechend an.

>APFELMUS Den fruchtigen Klassiker könnt ihr ratzfatz selbst zubereiten: 1000 g Äpfel in Stücken in den [Mixtopf-Symbol] geben und **5 Sek.** | **Stufe 4,5** zerkleinern. 1 Vanilleschote längs halbieren und das Mark herauslösen. Mark und Schote mit 50 g Zucker, 20 g Zitronensaft sowie 1 TL Zimt in den [Mixtopf-Symbol] zufügen und **10 Min.** | **100 °C** | **Stufe 1** kochen. Die Vanilleschote entfernen und das Apfelmus **20 Sek.** | **Stufe 7** pürieren. In 2 sterile Gläser à 550 ml füllen, fest verschließen und abkühlen lassen. Wenn ihr die Äpfel ohne Schale zubereiten wollt, ist das auch möglich. Dann püriert das Mus nur 15 Sekunden.

EASY

BLAUBEERSCHNITTEN

00 | 50
std : min

PRO STÜCK: 258 KCAL | 2 G E | 10 G F | 38 G KH
ZZGL. 2 STD. RUHEZEIT
ZUTATEN FÜR 16 STÜCK

FÜR DEN MÜRBETEIG

- **300 g Mehl Type 405**
  zzgl. etwas mehr zum Bearbeiten
- **200 g kalte Butter, in Stücken**
- **90 g Zucker**
- **10 g selbst gemachter Vanillezucker (siehe Seite 11)**
- **1 Prise Salz**
- **Abrieb von 1 unbehandelten Zitrone**

FÜR DIE BLAUBEERMASSE UND ZUM GARNIEREN

- **200 g Blaubeeren (TK)**
- **2 EL Zitronensaft**
- **20 g Stärke**
- **etwas Wasser zum Anrühren**
- **250 g Puderzucker**
- **20 g gefriergetrocknete Beeren**

1 | Alle Zutaten für den Mürbeteig in den Mixtopf geben und **30 Sek.** | **Stufe 4** verrühren. Den Teig auf eine leicht bemehlte Arbeitsplatte geben und kurz mit den Händen durchkneten. Zu einem flachen Riegel formen, In Frischhaltefolie wickeln und 1 Std. kalt stellen. Den Mixtopf spülen.

2 | Backofen auf 180 °C Ober-/Unterhitze vorheizen. Teig halbieren, auf einer bemehlten Arbeitsfläche zu 2 gleich großen Rechtecken (ca. 20 × 30 cm) ausrollen. Die Rechtecke auf ein mit Backpapier belegtes Blech legen, mit einer Gabel mehrmals einstechen und 12 Min. im heißen Ofen backen. Aus dem Ofen nehmen und auf einem Küchenrost abkühlen lassen.

3 | Inzwischen für die Blaubeermasse die Beeren mit dem Zitronensaft in den Mixtopf geben und **13 Min.** | **100 °C** | Linkslauf | **Stufe 1** aufkochen. Stärke in etwas Wasser anrühren. **1 Min.** | **100 °C** | Linkslauf | **Stufe 2** einstellen und dann die Stärke durch die Öffnung im Deckel zu den Beeren gießen. Die warme Masse auf dem einen Rechteck verstreichen, die andere Teigplatte darauflegen. Den Mixtopf spülen und gut trocknen.

4 | Puderzucker mit etwas Wasser glatt rühren und gleichmäßig auf der Platte verteilen. Gefriergetrocknete Beeren in den Mixtopf geben und **2 Sek.** | **Stufe 7** zerkleinern. Die Krümel auf den Guss streuen, alles etwa 1 Std. durchziehen lassen und vorsichtig in 16 Streifen schneiden.

>BUTTER Je kälter die Butter, desto besser lässt sich der Teig verarbeiten. Einige Flocken dürfen im fertigen Teig zu sehen sein. Dadurch wird das Gebäck später schön knusprig!

>WO KOMMEN SIE HER? Unsere Blaubeerschnitten stammen von den dänischen „Hindbærsnitter" ab – das sind knusprig-fruchtige Mürbeteigschnitten mit Himbeerkonfitüre. Das Gebäck mit dem dicken Zuckerguss wird traditionell mit bunten Zuckerstreuseln dekoriert. Das macht sie auch bei Kindern äußerst beliebt. Die Schnitten sind sehr einfach gemacht, aber wirkungsvoll, zudem bleiben sie lange haltbar und schmecken zu jeder Jahreszeit. Viele gute Gründe also, dass sie bei den skandinavischen Nachbarn so beliebt sind und es nun auch zu uns geschafft haben!

ZITRONENTARTELETTES MIT BAISERTROPFEN

01 00 std : min

PRO STÜCK: 651 KCAL | 16 G E | 33 G F | 72 G KH
ZZGL. 30 MIN. RUHEZEIT
ZUTATEN FÜR 10 STÜCK

FÜR DEN MÜRBETEIG
- **500 g Mehl Type 405 zzgl. etwas mehr zum Ausrollen**
- **125 g Butter, in Stücken zzgl. etwas mehr zum Fetten**
- **60 g Zucker**
- **10 g selbst gemachter Vanillezucker (siehe Seite 11)**
- **1 Ei**
- **1 Prise Salz**

FÜR DIE FÜLLUNG UND DIE BAISERTROPFEN
- **4 Eier**
- **320 g Mascarpone**
- **400 g Quark**
- **200 g Sahne**
- **230 g Zucker**
- **Saft und Abrieb von 1 unbehandelten Zitrone**
- **1 Prise Salz**
- **150 g Himbeeren**

AUSSERDEM
- **10 Tarteletteförmchen (Ø ca. 10 cm)**
- **Hülsenfrüchte zum Blindbacken**
- **Spritzbeutel**
- **Bunsenbrenner**

1 | Für den Teig Mehl, Butter, Zucker, Vanillezucker, Ei sowie Salz in den geben und **30 Sek.** | **Stufe 4** vermengen. Den Teig zu einem flachen Riegel formen, in Frischhaltefolie wickeln und 30 Min. kalt stellen.

2 | Ofen auf 160 °C Ober-/Unterhitze vorheizen. Die Tartelette-Förmchen einfetten. Den Teig auf einer bemehlten Arbeitsfläche ausrollen und 10 Kreise (Ø ca. 12 cm) ausstechen. Kreise in die Förmchen legen und einen Rand formen. Teig mit einer Gabel mehrfach einstechen, mit Backpapier und einigen Hülsenfrüchten belegen. Tartelettes ca. 10 Min. backen. Den reinigen.

3 | Für die Füllung 3 Eier trennen, Eiweiße beiseitestellen. Eigelbe, restliches Ei, Mascarpone, Quark, Sahne, 130 g Zucker, Zitronenabrieb sowie -saft in den geben und **20 Sek.** | **Stufe 3** vermengen.

4 | Backpapier und Hülsenfrüchte entfernen. Die Creme auf die Förmchen verteilen. Die Tartelettes auf der mittleren Schiene 20 Min. backen und auskühlen lassen. Den reinigen.

5 | Den Rühraufsatz in den einsetzen. Eiweiße und 1 Prise Salz **4 Min.** | **Stufe 3,5** steif schlagen. Dabei übrigen Zucker durch die Deckelöffnung einrieseln lassen. Eischnee in den Spritzbeutel füllen und kleine Tropfen auf die Tartelettes setzen. Die Baisertropfen mit einem Bunsenbrenner flambieren, bis diese leicht gebräunt sind. Mit den Himbeeren servieren.

>FORMSACHE Wenn ihr keine kleinen Tarteletteförmchen habt, könnt ihr auch zwei große Springformen (Ø 26 cm) verwenden. Wenn ihr es trotzdem lieber handlich mögt: Ihr könnt die Küchlein auch in einem Muffinblech zubereiten, die Zutaten reichen für zwei 12er-Bleche.

>BLINDBACKEN? Das heißt: den Teigboden abdecken Hülsenfrüchte daraufgeben und vorbacken. So bleibt der Boden ebenmäßig und ist bereit für die Füllung.

SCHOKO-MÜRBETEIGTÖRTCHEN

00 45
std : min

LOW CARB LOW FAT

PRO STÜCK: 362 KCAL | 5 G E | 22 G F | 35 G KH
ZUTATEN FÜR 12 STÜCK

FÜR DEN MÜRBETEIG
* **110 g Zucker**
* **400 g Mehl Type 405 zzgl. etwas mehr zum Bearbeiten**
* **200 g kalte Butter, in Stücken, zzgl. etwas mehr zum Einfetten**
* **1 Ei**

FÜR DIE SCHOKOLADENCREME
* **250 g Sahne**
* **250 g Milch**
* **1 Pck. Schokoladenpuddingpulver**
* **2 Eigelb**
* **50 g Zucker**

1 | Für den Mürbeteig Zucker in den Mixtopf geben und **15 Sek.** | **Stufe 10** pulverisieren. 1 EL Puderzucker zum Garnieren beiseitestellen. Mehl, Butterstücke sowie das Ei zugeben und **30 Sek.** | **Stufe 5** verkneten. Teig auf die Arbeitsfläche geben und kurz zu einem geschmeidigen Teig verkneten. Diesen zu einem flachen Riegel formen, in Frischhaltefolie einschlagen und 20 Min. kalt stellen.

2 | Für die Schokoladencreme den Rühraufsatz einsetzen. Alle Zutaten in den Mixtopf geben und **7 Min.** | **100 °C** | **Stufe 4** aufkochen. Anschließend etwas abkühlen lassen.

3 | Ofen auf 230 °C Ober-/Unterhitze vorheizen. Teig auf bemehlter Arbeitsfläche dünn ausrollen und 12 Kreise (Ø 11 cm) ausstechen. Die 12 Mulden eines Muffinblechs einfetten, mit dem Teig auslegen und leicht andrücken.

4 | Die Schokoladencreme in die Mulden geben. Die Törtchen auf der untersten Schiene des Ofens etwa 20 Min. backen. Herausnehmen, etwas abkühlen lassen, mit dem übrigen Puderzucker bestäuben und servieren.

>**TIPP** Diese kleinen Leckerbissen könnt ihr auch mit Schokoladenganache befüllen. Dann nur die Böden vorbacken, abkühlen lassen und anschließend mit der Ganache befüllen. Dann im Kühlschrank für 30 Minuten kalt stellen. Das einfache Ganacherezept aus Schokolade und Sahne findet ihr auf Seite 10.

EASY

GEDECKTER APFELKUCHEN

01 | 00
std : min

PRO STÜCK: 311 KCAL | 4 G E | 12 G F | 45 G KH
ZZGL. 3 STD. RUHEZEIT
ZUTATEN FÜR 14 PERSONEN

FÜR DEN TEIG
- **180 g weiche Butter, in Stücken, zzgl. etwas mehr zum Fetten der Form**
- **130 g Zucker**
- **1 Prise Salz**
- **1 Ei**
- **375 g Mehl Type 405 zzgl. etwas mehr zum Bearbeiten**
- **2 EL Milch**

FÜR DIE FÜLLUNG
- **40 g Amarettinikekse**
- **800 g säuerliche Äpfel, in Stücken**
- **2 EL Zitronensaft**
- **30 g Zucker zzgl. 2 EL zum Bestreuen**
- **1 EL Milch**
- **30 g Mandelstifte**

1 | Für den Teig alle Zutaten in den geben und **15 Sek.** | **Stufe 4,5** verkneten. Den Teig umfüllen, mit den Händen zusammenkneten. In 2 gleich große Stücke teilen, flach drücken und in Folie gewickelt 2 Std. kalt stellen. Den spülen.

2 | Für die Füllung die Amarettinikekse in den geben, **2 Sek.** | **Stufe 5** zerkleinern und umfüllen. Äpfel und Zitronensaft in den geben, **2 Sek.** | **Stufe 4,5** zerkleinern, in eine große Schüssel umfüllen, mit 30 g Zucker mischen und 1 Std. Saft ziehen lassen.

3 | Den Backofen auf 200 °C Ober-/Unterhitze vorheizen. Eine Springform (Ø 28 cm) mit etwas Butter fetten. Eine Teighälfte auf einer bemehlten Arbeitsfläche auf Ø 30 cm ausrollen, mit etwas Mehl bestäuben und mithilfe des Nudelholzes aufrollen.

4 | Über der gefetteten Springform abrollen, den Rand gut andrücken, den Boden mehrfach mit einer Gabel einstechen. Im heißen Ofen auf der untersten Schiene 10 Min. vorbacken.

5 | Amarettinikekse unter die Äpfel mischen. Die Apfel-Keks-Mischung mit dem entstandenen Saft gleichmäßig auf dem Boden verteilen. Die zweite Teighälfte auf einer bemehlten Fläche auf Ø 28 cm ausrollen. Mit etwas Mehl bestäuben und dann mithilfe des Nudelholzes aufrollen.

6 | Über der Apfelmasse wieder abrollen und an den Rändern andrücken. Teig dünn mit Milch bestreichen und mit Mandeln und restlichem Zucker bestreuen. Weitere 35 Min. backen. In der Form auf einem Gitter etwas abkühlen lassen. Dann aus der Form lösen und am besten lauwarm mit Schlagsahne servieren.

>VARIANTE Ihr könnt die Füllung ganz nach Geschmack mit 50 g Rosinen, Cranberrys oder gehackten Nüssen verfeinern. Dafür die entsprechende Zutat einfach mit unter die Apfel-Keks-Mischung rühren.

FONDANT-DEKOR

Aus Fondant könnt ihr individuelle Deko für Torten und Cupcakes herstellen, wie Blüten, Tiere, Formen, Buchstaben und mehr. Dafür 225 g weiße Marshmallows mit 2 EL Wasser in den geben und **3 Min. | 60 °C | Stufe 3** schmelzen. 250 g Puderzucker zufügen und **1 Min. |** verkneten. Lebensmittelfarbe nach Belieben sowie weitere 250 g Puderzucker zugeben und erneut **1 Min. |** kneten. Falls die Masse während der Verarbeitung zu hart wird, könnt ihr sie für einige Sekunden bei niedriger Wattzahl in die Mikrowelle geben.

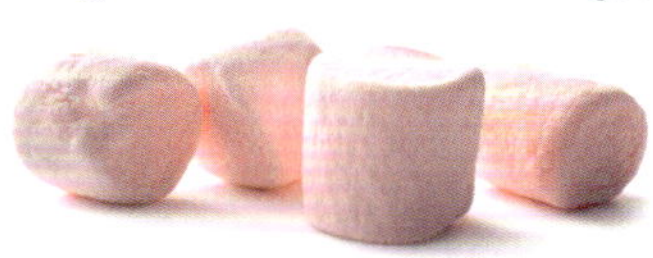

BÄCKERSTÄRKE

Zum Ausrollen von Fondant könnt ihr Puderzucker oder normale Stärke verwenden. Unser Tipp: Bäckerstärke. Diese ist extrem fein und geschmeidig und sorgt dafür, dass euer Fondant nicht austrocknet. Ihr bekommt sie im gut sortierten Supermarkt oder online.

TORTEN

Sie sind der Hingucker auf der Kaffeetafel. Mit diesen Tipps und Tricks bringt ihr jeden Gast zum Staunen!

PRAKTISCHES ZUBEHÖR

Spritztülle Zum Verzieren von Torten sind Spritztüllen unverzichtbar. Ob Stern-, Blüten-, Blatt-, Tuff- oder Rüschentülle: Es gibt für jeden Zweck den passenden Aufsatz!

Modellierwerkzeug Für feine Arbeiten mit Modelliermasse und Fondant ist Modellierwerkzeug sehr praktisch. So könnt ihr filigrane Figuren formen und befestigen, Muster auf Oberflächen bringen und vieles mehr!

Palettenmesser Sie sind beim Backen unheimlich hilfreich. Große erleichtern das Bestreichen von Torten, kleine das Verzieren von Cupcakes.

Tortenretter Mit diesem Werkzeug könnt ihr eure fertige Torte sicher vom Boden oder Brett auf die Tortenplatte heben.

Basis REZEPT

VEGANE TORTENCREME

250 g Sojadrink mit 50 g Mehl Type 405 in den geben, **3 Sek. | Stufe 8** vermischen und **6 Min. | 100 °C | Stufe 3** erhitzen. Die puddingartige Creme umfüllen und 2 Std. abkühlen lassen. Den Rühraufsatz einsetzen, 250 g vegane Margarine mit 200 g Zucker in den geben und **8 Min. | Stufe 3** cremig rühren, zwischendurch ggf. mit dem nach unten schieben. Dann die abgekühlte Mehl-Soja-Creme zufügen und alles **5 Min. | Stufe 3** cremig aufschlagen. Das Frosting im Kühlschrank für etwa 1 Std. fester werden lassen und nach Rezept weiterverarbeiten.

GEKONNT VERZIERT

SO WERDEN TORTENTRÄUME WAHR

SAHNE SCHLAGEN

Am besten funktioniert's, wenn Sahne und kalt sind. Den Rühraufsatz einsetzen, mindestens 200 g Sahne einfüllen und ohne Zeiteinstellung maximal auf **Stufe 4** unter Sichtkontakt schlagen. Das heißt: Schaut durch die Deckelöffnung oder unterbrecht zwischendurch, um die Konsistenz zu prüfen. Mit etwas Übung hört ihr bald schon am Mixgeräusch, wann sie fertig ist!

Basis REZEPT

MODELLIERSCHOKOLADE

Mit Modellierschokolade könnt ihr hübsche Dekorfiguren formen. Anders als Fondant kann Modellierschokolade auf Sahne verwendet werden und sie schmeckt besser.

Für 300 g Modellierschokolade
200 g Zartbitterkuvertüre in den geben und **6 Sek. | Stufe 8** zerkleinern. **6 Min. | 50 °C | Stufe 1** schmelzen. 100 g Glukosesirup zufügen und **20 Sek. | Stufe 2** unterrühren. Masse in Frischhaltefolie wickeln und etwas abkühlen lassen. Nun könnt ihr die Masse geschmeidig kneten, ausrollen oder formen.

ZAUBERTOPF MOTIVTORTE

02 00
std : min

PRO STÜCK: 560 KCAL | 9 G E | 20 G F | 85 G KH
ZZGL. 1 STD. 30 MIN. RUHEZEIT
ZUTATEN FÜR 20 STÜCKE

FÜR DEN TEIG
* **16 Eier**
* **520 g Zucker**
* **2 TL selbst gemachter Vanillezucker (siehe Seite 11)**
* **440 g Mehl Type 405**
* **120 g Stärke**
* **3 TL Backpulver**

FÜR DIE BLAUBEERGANACHE
* **200 g Blaubeeren (TK), aufgetaut**
* **400 g weiße Kuvertüre, in Stücken**
* **75 g Sahne**

FÜR DIE VANILLECREME UND ZUM GARNIEREN
* **200 g weiche Butter, in Stücken**
* **Mark von 1 Vanilleschote**
* **100 g Puderzucker**
* **etwa 500 g weißer Fondant**
* **etwas schwarze Lebensmittelfarbe**

1 | Backofen auf 160 °C Ober-/Unterhitze vorheizen. Für den Teig den Rühraufsatz einsetzen. 8 Eier, 260 g Zucker und 1 TL Vanillezucker in den geben, **10 Min.** | **Stufe 3,5** schaumig schlagen. 220 g Mehl, 60 g Stärke sowie 1 ½ TL Backpulver zufügen und **15 Sek.** | **Stufe 3** unterheben. Den Teig in einen Backrahmen (etwa 25 × 35 cm) auf ein mit Backpapier ausgelegtem Blech geben und im Ofen 50 Min. backen. Den spülen.

2 | Den Rühraufsatz einsetzen und die übrigen Eier, Zucker sowie Vanillezucker im erneut **10 Min.** | **Stufe 3,5** schaumig schlagen. Übriges Mehl, Stärke sowie Backpulver **15 Sek.** | **Stufe 3** unterheben. Den Teig in dem Backrahmen auf einem mit Backpapier ausgelegtem Blech verstreichen und 50 Min. backen. Den spülen.

3 | Inzwischen für die Blaubeerganache die Blaubeeren im **10 Sek.** | **Stufe 6** pürieren. Durch ein feines Sieb passieren. Den spülen und trocknen. Kuvertüre im **8 Sek.** | **Stufe 8** zerkleinern. Sahne zufügen und alles **8 Min.** | **60 °C** | **Stufe 2** schmelzen. Das Püree zugeben und **20 Sek.** | **Stufe 4** verrühren. Blaubeerganache umfüllen und kalt stellen. Den spülen.

4 | Für die Vanillecreme Butter und Vanillemark im **5 Min.** | **Stufe 3** schlagen, dabei esslöffelweise den Puderzucker zufügen. Ggf. zwischendurch mit dem nach unten schieben.

5 | Böden waagerecht halbieren. Einen Boden in der Mitte durchschneiden, von einem anderen 1/3 abschneiden. Böden abwechselnd mit Ganache übereinanderschichten, nach oben hin schmaler werden. Mit einem Messer die Form des Geräts schnitzen, dabei auch den modellieren. Aus abgeschnittenem Kuchen Drehknopf zuschneiden. Übrigen Teig anderweitig verwenden. Mit einer kleinen Palette die Oberfläche der Torte glatt mit Creme einstreichen, dabei etwas Creme übrig lassen. 30 Min. kalt stellen.

6 | Fondant ausrollen (etwa 60 × 60 cm) und über die Torte legen. Vorsichtig andrücken und glatt streichen. Überstehende Teile abschneiden, wieder verkneten. Davon 2/3 hellgrau einfärben, 1/3 dunkelgrau. Hellgrauen Fondant dünn ausrollen und zuschneiden, sodass er um und den Drehknopf passt. Dunklen Fondant ausrollen, für Deckel und Griff zuschneiden.

7 | Weißen Fondant um den herum mit etwas Vanillecreme einstreichen, mit dem zugeschnittenen hellgrauen Fondant verzieren. Dunkelgrauen Fondant für Deckel und Griff ebenfalls mit Creme befestigen. Drehknopf mit Fondant ummanteln und mit Creme an passender Stelle ankleben. Ein ausgedrucktes Display ebenfalls mit etwas Creme befestigen, dieses kann ebenso aus Fondant geformt werden. Torte bis zum Servieren mind. 1 Std. kalt stellen.

SCHAUT
EUCH UNSER
**HOW-TO-
VIDEO** AN!
Scan mich

ERDNUSS-DRIP-CAKE MIT SALZKARAMELL

01 00 std : min

LOW CARB LOW FAT

PRO STÜCK: 593 KCAL | 16 G E | 37 G F | 51 G KH

ZZGL. 2 STD. RUHEZEIT

ZUTATEN FÜR 12 STÜCKE

FÜR DIE ERDNUSSBUTTER

- **250 g geröstete Erdnüsse**
- **20 g Rapsöl**

FÜR DEN TEIG

- **100 g geröstete Erdnüsse zzgl. etwas mehr zum Garnieren**
- **180 g Zucker**
- **1 TL selbst gemachter Vanillezucker (siehe Seite 11)**
- **5 Eier**
- **100 g Mehl Type 405**
- **30 g Stärke**
- **1 TL Backpulver**
- **Salz**

FÜR DIE CREME

- **350 g Sahne**
- **60 g Zucker**
- **300 g Frischkäse**
- **½ Pck. Sofort-Gelatine**

FÜR DAS SALZKARAMELL UND ZUM GARNIEREN

- **100 g Zucker**
- **2 Prisen Meersalz zzgl. etwas mehr zum Garnieren**
- **30 g Butter**
- **50 g Sahne**
- **50 g Karamellpopcorn**
- **50 g Salzbrezeln**

1 | Ofen auf 180 °C Ober-/Unterhitze vorheizen. Boden einer Springform (Ø 24 cm) mit Backpapier auslegen, Rand fetten.

2 | Für die Erdnussbutter die Erdnüsse in den Mixtopf geben und **30 Sek.** | **Stufe 7** mahlen. Öl zufügen und **2 Min.** | **Stufe 4** cremig rühren. Umfüllen und den Mixtopf spülen.

3 | Für den Teig die Erdnüsse im Mixtopf **3 Sek.** | **Stufe 7** zerkleinern, umfüllen. Den Rühraufsatz in den Mixtopf einsetzen. Zucker, Vanillezucker und Eier im Mixtopf **4 Min.** | **Stufe 4** cremig aufschlagen. 60 g gehackte Nüsse, Mehl, Stärke, Backpulver und Salz **2 Sek.** | **Stufe 4** unterrühren. In die Springform füllen und im Ofen etwa 30 Min. goldbraun backen. Herausnehmen und auskühlen lassen.

4 | Den Mixtopf spülen und Rühraufsatz einsetzen. Für die Creme die Sahne unter Sichtkontakt **Stufe 3** steif schlagen, umfüllen. Zucker, Frischkäse, Gelatine sowie 40 g Erdnussbutter in den Mixtopf geben und **8 Sek.** | **Stufe 3** verrühren. Vorsichtig mit dem Spatel unter die Sahne heben. Die Creme bis zur Verwendung kalt stellen.

5 | Den Boden einmal waagerecht halbieren. Unteren Boden mit 3 EL Erdnussbutter bestreichen, ⅓ der Sahnecreme darauf verteilen. 2. Boden aufsetzen, rundherum mit restlicher Erdnussbutter und Creme bestreichen. 2 Std. kalt stellen.

6 | Inzwischen für das Salzkaramell in einer Pfanne den Zucker schmelzen und leicht karamellisieren lassen. Vom Herd nehmen, Meersalz, Butter und Sahne einrühren, ggf. erneut erhitzen, bis sich alles aufgelöst hat. Dann abkühlen lassen.

7 | Die übrigen gehackten Erdnüsse am unteren Rand der Torte leicht andrücken, Karamellsoße mittig auf der Torte verteilen, vorsichtig mit einem Löffel bis zum Rand streichen und etwas herunterlaufen lassen. Torte mit Karamellpopcorn, Salzbrezeln, Meersalz sowie Erdnüssen garnieren, bis zum Verzehr kalt stellen.

> **TIPP** Beim Backen von Torten ist es wichtig, dass alle Zutaten die gleiche Temperatur haben. Holt daher alle Zutaten etwa 30 Min. vor der Verarbeitung aus dem Kühlschrank.

mein ZauberTopf

ROSA OMBRÉ-CAKE

02 | 30
std : min

PRO STÜCK: 657 KCAL | 13 G E | 45 G F | 49 G KH
ZZGL. 5 STD. RUHEZEIT
ZUTATEN FÜR 12 STÜCKE

FÜR DEN TEIG
- **200 g weiche Butter, in Stücken**
- **5 Eier**
- **125 g Zucker**
- **300 g Mehl Type 405**
- **1 Pck. Backpulver**
- **150 g Joghurt**
- **etwas rosa Lebensmittelfarbe**

FÜR DIE CREME
- **6 Blatt Gelatine**
- **200 g Sahne**
- **300 g Frischkäse**
- **150 g Joghurt**
- **100 g Zucker**
- **Abrieb und Saft von 2 unbehandelten Zitronen**

FÜR DAS FROSTING
- **100 g weiche Butter, in Stücken**
- **100 g Zucker**
- **300 g Frischkäse**
- **Zuckerstreusel nach Belieben**

1 | Den Backofen auf 180 °C Umluft vorheizen. Den Boden einer Springform (Ø 18 cm) mit Backpapier auslegen.

2 | Für den Teig Butter, Eier sowie Zucker im **2 Min.** | **Stufe 3** schaumig schlagen. Mehl, Backpulver sowie Joghurt zufügen und **1 Min.** | **Stufe 3** zu einem glatten Teig verrühren.

3 | Den Teig in 5 gleich große Portionen teilen und 4 davon in unterschiedlichen Rosatönen einfärben. Alle 5 Teigportionen nacheinander in der vorbereiteten Springform im Ofen 10–15 Min. backen. Aus dem Ofen nehmen, aus der Form lösen und auf einem Rost vollständig abkühlen lassen. Den spülen.

4 | Für die Creme die Gelatine nach Packungsangabe in kaltem Wasser einweichen. Rühraufsatz einsetzen, Sahne in den füllen, und ohne Zeiteinstellung unter Sichtkontakt auf **Stufe 3** steif schlagen. Rühraufsatz entnehmen und die Sahne umfüllen.

5 | Den Rühraufsatz einsetzen. Frischkäse, Joghurt, Zucker und Zitronenabrieb im **10 Sek.** | **Stufe 3,5** verrühren. Den Zitronensaft in einem kleinen Topf erhitzen. Gelatine gut ausdrücken, in den Topf geben und unter Rühren auflösen. 4 EL der Frischkäsemischung in den Topf geben und gut verrühren. Die Mischung wiederum in den geben und **1 Min.** | **Stufe 3** glatt rühren. Den Rühraufsatz entnehmen und die Sahne mithilfe des unterheben.

6 | Den dunkelsten Tortenboden auf eine Tortenplatte legen und einen Tortenring darum setzen. Die Böden von dunkel zu hell aufeinanderstapeln, dazwischen jeweils ¼ der Frischkäsecreme verteilen. Mit dem ungefärbten Boden abschließen. Anschließend die Torte mind. 2 Std. kalt stellen.

7 | Für das Frosting Butter mit Zucker im **3 Min.** | **Stufe 3** cremig schlagen. Frischkäse zufügen und **30 Sek.** | **Stufe 2,5** unterrühren. Den Tortenring entfernen und die Torte sehr dünn mit etwas von dem Frosting einstreichen.

8 | Restliches Frosting in 4 gleich große Portionen teilen und ebenfalls mit Lebensmittelfarbe in unterschiedlichen Rosatönen einfärben. Torte damit rundherum von dunkel zu hell einstreichen, dabei die Übergänge mithilfe einer Palette verstreichen. Torte weitere 3 Std. kalt stellen. Vor dem Servieren mit Zuckerstreuseln garnieren.

>FARBE Ihr könnt auch jede andere Farbe für den Farbverlauf verwenden. Eine Regenbogentorte mit vielen bunten Farben ist der Hit auf jedem Kindergeburtstag.

SCHWEDISCHE MANDELTORTE MIT VANILLECREME

01 : 10 std : min

PRO STÜCK: 310 KCAL | 8 G E | 22 G F | 17 G KH

ZZGL. 4 STD. RUHEZEIT

ZUTATEN FÜR 14 STÜCKE

FÜR DEN TEIG

* **225 g Mandelkerne**
* **90 g Puderzucker zzgl. 1 EL zum Bestäuben**
* **6 Eiweiß**
* **1 Prise Salz**

FÜR DIE CREME UND ZUM GARNIEREN

* **150 g Sahne**
* **Mark von 1 Vanilleschote**
* **6 Eigelb**
* **125 g Zucker**
* **100 g weiche Butter, in Stücken**
* **60 g gehobelte Mandelkerne**

1 | Für den Teig die Mandeln in den geben und **8 Sek.** | **Stufe 7** fein mahlen. Umfüllen und beiseitestellen.

2 | Für die Creme den Rühraufsatz einsetzen. Sahne, Vanillemark, Eigelb und Zucker in den geben, **8 Min.** | **90 °C** | **Stufe 2,5** cremig aufschlagen. Den Rühraufsatz entfernen, Creme in eine Schüssel füllen, direkt auf der Oberfläche mit Frischhaltefolie abdecken und bei Zimmertemperatur 1 Std. abkühlen lassen. In dieser Zeit den und den Rühraufsatz spülen.

3 | Den Backofen auf 175 °C Ober-/Unterhitze vorheizen. Eine Springform (Ø ca. 26 cm) am Boden mit Backpapier auslegen. Eine Schüssel auf den -deckel stellen und dann den Puderzucker einwiegen.

4 | Für den Teig den Rühraufsatz einsetzen. Eiweiße und Salz in den fettfreien geben, **2 Min.** | **Stufe 3,5** steif schlagen. Dann ohne Messbecher **1 Min.** | **Stufe 3,5** rühren und dabei nach und nach den Puderzucker auf das laufende Messer zufügen. Den Messbecher wieder einsetzen und **1 Min.** | **Stufe 3,5** rühren.

5 | Die gemahlenen Mandeln zugeben und **15 Sek.** | **Stufe 2,5** untermischen. Den Rühraufsatz entfernen. Mandeln mit dem vollständig untermischen, den Teig in die vorbereitete Springform füllen und glatt streichen. Boden auf der mittleren Schiene 25 Min. backen. Herausnehmen und in der Form auf einem Gitter abkühlen lassen. Backofen eingeschaltet lassen. Den und den Rühraufsatz spülen.

6 | Die Mandelblättchen auf ein Blech geben, im heißen Ofen auf der mittleren Schiene 8 Min. rösten, dann abkühlen lassen.

7 | Für die Creme den Rühraufsatz einsetzen, weiche Butter in den geben und **2 Min.** | **Stufe 3** cremig rühren, dann ohne Messbecher **2 Min.** | **Stufe 3** weiterrühren, dabei nach und nach die abgekühlte, recht weiche Vanillecreme durch die Deckelöffnung auf das laufende Messer zugeben. Den Messbecher wieder einsetzen und **1 Min.** | **Stufe 3** cremig rühren. Den Rühraufsatz wieder entfernen.

8 | Den Boden aus der Form lösen und auf eine Platte setzen, einen verstellbaren Tortenring darumsetzen, mit der Creme bestreichen und mindestens 3 Std. kalt stellen.

9 | Den Tortenring entfernen, Creme mit Mandelblättchen bestreuen und mit etwas Puderzucker bestäuben und die Torte servieren.

>**TIPP** Den Tortenring fest um den Teigboden spannen, damit die Vanillecreme schön fest werden kann und nicht ausläuft.

ROTKÄPPCHENTORTE

00 30 std : min

LOW CARB LOW FAT

PRO STÜCK: 478 KCAL | 10 G E | 25 G F | 49 G KH

ZZGL. 3 STD. RUHEZEIT

ZUTATEN FÜR 12 STÜCKE

FÜR DEN TEIG

- **175 g weiche Butter, in Stücken, zzgl. etwas mehr zum Fetten**
- **150 g Zucker**
- **1 Prise Salz**
- **3 Eier**
- **200 g Mehl Type 405**
- **2 TL Backpulver**
- **20 g Kakaopulver**
- **20 g Milch**
- **350 g Sauerkirschen (Glas), abgetropft, Saft aufgefangen**

FÜR DIE CREME UND DEN GUSS

- **400 g Sahne**
- **3 Pck. Sahnesteif**
- **50 g Zucker**
- **30 g selbst gemachter Vanillezucker (siehe Seite 11)**
- **500 g Magerquark**
- **1 Pk. roter Tortenguss**

1 | Backofen auf 180 °C Ober-/Unterhitze vorheizen. Eine Springform (Ø 26 cm) mit etwas Butter einfetten.

2 | Für den Teig den Rühraufsatz einsetzen. Butter, Zucker und Salz in den geben, **3 Min.** | **Stufe 2,5** verrühren. Dann ohne Messbecher **2 Min.** | **Stufe 2,5** rühren, dabei die Eier nach und nach durch die Deckelöffnung zufügen. Rühraufsatz entfernen. Mehl und Backpulver zugeben, mithilfe des **10 Sek.** | **Stufe 5** verrühren, mit dem nach unten schieben, noch einmal mit dem vermischen. Die Hälfte des Teigs in die Springform streichen.

3 | Kakaopulver und Milch zum restlichen Teig in den zugeben und **5 Sek.** | **Stufe 5** mischen. Schokoteig auf den hellen Teig in die Springform streichen. Sauerkirschen auf dem Teig verteilen. Den Kuchen im unteren Backofendrittel 40 Min. backen. In dieser Zeit und Rühraufsatz spülen.

4 | Den Kuchen auf einem Kuchengitter abkühlen lassen. Aus der Form lösen und auf eine Tortenplatte setzen. Einen Tortenring oder Springformrand darumlegen.

5 | Für die Creme den Rühraufsatz einsetzen. Sahne, Sahnesteif, 40 g Zucker sowie Vanillezucker in den geben und ohne Zeiteinstellung auf **Stufe 3** bis zur gewünschten Festigkeit steif schlagen. Quark zufügen und **5 Sek.** | **Stufe 2,5** verrühren. Rühraufsatz entfernen. Quarkcreme auf den Kuchen geben und gleichmäßig verstreichen, 2 Std. kalt stellen. Den spülen.

6 | Für den Guss 250 g aufgefangenen Kirschsaft, 10 g Zucker und das Tortengusspulver in den geben, **3 Sek.** | **Stufe 4** mischen, dann **4 Min.** | **100 °C** | **Stufe 1** kochen. Den aus dem Gerät nehmen und den Guss 10–15 Min. abkühlen lassen. Torte aus dem Kühlschrank nehmen, den lauwarmen Guss über die Rückseite eines Esslöffels auf die Quarkcreme gießen, 30 Min. abkühlen lassen, dann servieren.

>ROTKÄPPCHEN Ihr fragt euch, womit der Rotkäppchenkuchen sich seinen besonderen Namen verdient hat? Mit der glanzvollen roten Tortenguss-Haube auf der Quark-Sahne-Creme. Mit diesem märchenhaften Rotkäppchenkuchen aus dem Thermomix® verzaubert ihr garantiert alle!

STACHELBEERTORTE MIT BAISER

01 10 std : min

LOW CARB LOW FAT

PRO STÜCK: 462 KCAL | 8 G E | 28 G F | 47 G KH

ZZGL. 3 STD. RUHEZEIT

ZUTATEN FÜR 12 STÜCKE

FÜR DEN TEIG
* **4 Eier, getrennt**
* **260 g Zucker**
* **125 g weiche Butter zzgl. etwas mehr zum Fetten der Böden**
* **1 TL Vanillezucker**
* **150 g Mehl Type 405**
* **2 TL Backpulver**
* **150 g gehobelte Mandeln**

FÜR DIE FÜLLUNG
* **400 g Sahne**
* **4 EL Zucker**
* **2 Pck. Sahnesteif**
* **360 g Stachelbeeren (Glas), abgetropft und Saft aufgefangen**
* **4 EL Stärke**

1 | Den Backofen auf 200 °C Umluft vorheizen. Für den Teig den Rühraufsatz einsetzen, die Eiweiße in den fettfreien geben und **2 Min.** | **Stufe 5** zu Schnee verarbeiten. Danach **1 Min.** | **Stufe 4** weiterschlagen, dabei 150 g Zucker durch die Deckelöffnung rieseln lassen. Den Eischnee umfüllen. Den und den Rühraufsatz spülen.

2 | Eigelbe, Butter, 110 g Zucker sowie Vanillezucker in den geben und **1 Min.** | **Stufe 4** schaumig schlagen. Mehl mit Backpulver zugeben und **20 Sek.** | **Stufe 4** zu einem Teig verarbeiten. Teig auf 2 gefettete Springformböden (Ø 26 cm) verstreichen. Den Eischnee auf die Böden streichen, mit Mandeln bestreuen und im Backofen 25–30 Min. goldbraun backen.

3 | Böden auf einem Kuchengitter ca. 2 Std. auskühlen lassen. Für die Füllung den Rühraufsatz einsetzen. Die Sahne mit 2 EL Zucker und Sahnesteif in den geben. Ohne Zeiteinstellung auf **Stufe 3** steif schlagen, dabei Sichtkontakt halten. Umfüllen und kalt stellen. Den spülen.

4 | Den aufgefangenen Stachelbeersaft mit 2 EL Zucker und Stärke in den geben. **10 Sek.** | **Stufe 5** verrühren. Dann **4 Min.** | **90 °C** | **Stufe 2** aufkochen, über die Stachelbeeren geben und abkühlen lassen. Den gründlich reinigen.

5 | Stachelbeermischung auf einem Boden verteilen, Sahne darauf streichen, mit dem zweiten Boden belegen und ca. 1 Std. kalt stellen. Torte in Stücke schneiden und servieren.

>TIPP Ihr könnt natürlich auch frische Stachelbeeren verwenden. Dann ersetzt den Saft aus dem Glas durch einen anderen Fruchtsaft, beispielsweise Apfel- oder Birnensaft.

ERDBEER-SAHNE-TORTE

00 55
std : min

PRO STÜCK: 312 KCAL | 9 G E | 15 G F | 32 G KH
ZZGL. 5 STD. RUHEZEIT
ZUTATEN FÜR 14 STÜCKE

FÜR DEN BISKUIT

* **3 Eier**
* **90 g Zucker**
* **1 Prise Salz**
* **60 g Mehl Type 405**
* **40 g Stärke**
* **1½ TL Weinsteinbackpulver**

FÜR DIE CREME UND DIE GARNITUR

* **100 g Zartbitterkuvertüre, in Stücken**
* **5 Blatt Gelatine**
* **60 g Zucker**
* **500 g Magerquark**
* **20 g selbst gemachter Vanillezucker (siehe Seite 11)**
* **12 EL Orangensaft**
* **500 g Sahne**
* **80 g Erdbeerkonfitüre**
* **750 g Erdbeeren, halbiert**

1 | Den Ofen auf 190 °C Ober-/Unterhitze vorheizen. Den Boden einer Springform (Ø 26 cm) mit Backpapier auslegen. Rühraufsatz einsetzen. Eier, Zucker und Salz in den geben, **6 Min.** | **37 °C** | **Stufe 3,5** schlagen. Mehl, Stärke, Backpulver zufügen und **4 Sek.** | **Stufe 3** unterheben. Rühraufsatz entfernen. Mit dem die Mehlmischung unterheben. Biskuitmasse in die Form geben und auf der mittleren Schiene 15–17 Min. backen und in der Form auf einem Gitter abkühlen lassen. Den spülen.

2 | Für die Creme Kuvertüre in den geben, **6 Sek.** | **Stufe 6** zerkleinern, mit dem nach unten schieben. **3 Min.** | **50 °C** | **Stufe 2** schmelzen. Kuvertüre auf Backpapier geben, mit einem weiteren Bogen bedecken. Mit dem Nudelholz darüberrollen, verteilen und einen 3 cm breiten Rand lassen. Backpapiere fest aufrollen, 1 Std. einfrieren. Den spülen.

3 | Gelatine nach Packungsangabe einweichen. Zucker im **10 Sek.** | **Stufe 10** pulverisieren, mit dem nach unten schieben, 1 TL Puderzucker zum Garnieren beiseitestellen. Rühraufsatz einsetzen, Quark und Vanillezucker in den zugeben und **40 Sek.** | **Stufe 3** verrühren. Rühraufsatz entnehmen, die Quarkcreme umfüllen.

4 | 4 EL Orangensaft in den geben, **1 Min.** | **50 °C** | **Stufe 2** erwärmen. Gelatine ausdrücken, in den geben, **15 Sek.** | **50 °C** | **Stufe 2** und auflösen. 100 g Creme zugeben und ohne Messbecher **15 Sek.** | **Stufe 2** rühren. Quark-Gelatine-Mischung zur restlichen Quarkcreme geben, mit dem vermischen, 20 Min. kalt stellen. Den und den Rühraufsatz kalt ausspülen.

5 | Den Rühraufsatz einsetzen, Sahne in den geben und ohne Zeiteinstellung **Stufe 3** steif schlagen. Die Sahne unter die Quarkcreme heben. Schoko-Rolle aus dem Gefrierfach nehmen und entrollen, dabei bricht die Schokolade in Splitter. $^2/_3$ der Splitter vorsichtig mit dem unter die Quarkcreme rühren.

6 | Biskuitboden aus der Form lösen und stürzen. Papier entfernen und den Boden waagerecht halbieren. Böden mit je 4 EL Orangensaft beträufeln. Den unteren Boden auf eine Tortenplatte setzen und einen Tortenring darumlegen. Zunächst mit Konfitüre, dann mit 8 EL Quarkcreme bestreichen. $^2/_3$ der Erdbeeren darauflegen. $^2/_3$ der Quarkcreme daraufstreichen, mit dem 2. Boden bedecken und mit Rest Creme bestreichen. Mit den restlichen Erdbeeren belegen, 4 Std. kalt stellen. Restliche Schoko-Splitter aufrollen und einfrieren. Torte am Rand mit einem kleinen Messer lösen, den Tortenring entfernen. Torte mit den restlichen Schoko-Splittern und Puderzucker garnieren und servieren.

MAULWURFTORTE

01 | 10 std : min

PRO STÜCK: 468 KCAL | 7 G E | 30 G F | 43 G KH
ZUTATEN FÜR 12 STÜCKE

FÜR DEN TEIG
- **200 g weiche Butter, in Stücken, zzgl. etwas mehr zum Fetten der Form**
- **300 g Mehl Type 405 zzgl. etwas mehr zum Bearbeiten**
- **180 g Zucker**
- **1 TL Vanilleextrakt**
- **4 Eier**
- **10 g Backpulver**
- **25 g Milch**

FÜR DIE FÜLLUNG
- **250 g Blaubeeren**
- **400 g Sahne**
- **2 Pck. Sahnesteif**
- **150 g Frischkäse**
- **35 g Zucker**
- **35 g Schokosplitter**

1 | Backofen auf 180 °C Ober-/Unterhitze vorheizen. Eine Springform (Ø 26 cm) einfetten und mit Mehl ausstäuben.

2 | Für den Boden Butter, Mehl, Zucker, Vanilleextrakt, Eier, Backpulver sowie Milch in den geben und **1 Min.** | **Stufe 4** verrühren. Den Teig in die Springform füllen und 50 Min. backen. Aus dem Ofen nehmen und auskühlen lassen.

3 | Den Kuchen mit einem Löffel aushöhlen, dabei einen Rand stehen lassen. Den entnommenen Kuchen in einer Schüssel mit der Hand zerbröseln. Die Blaubeeren auf dem Boden des Kuchens verteilen.

4 | Für die Füllung den Rühraufsatz in den einsetzen, Sahne und Sahnesteif in den geben. Auf **Stufe 3** unter Sichtkontakt steif schlagen, dann umfüllen und den Rühraufsatz entfernen. Frischkäse, Zucker und Schokosplitter in den geben und **15 Sek.** | **Stufe 3** vermischen. Die Frischkäsemischung von Hand unter die Sahne heben und als Hügel auf den Blaubeeren verteilen. Anschließend die Kuchenbrösel gleichmäßig auf die Sahne-Frischkäse-Masse streuen.

> VARIANTEN Ihr könnt die Blaubeeren auch durch Erdbeeren oder ganz klassisch durch Bananen ersetzen. Für die traditionelle Zubereitung der Maulwurftorte zusätzlich noch 20–30 g Kakao zum Teig geben, dann wird's ein dunkler, schokoladiger Teig, der toll zu allen Früchten passt.

EASY

BLUMEN-KUPPELTORTE MIT LIMETTEN-MOHN-CREME

01 | 00 std : min

LOW CARB LOW FAT

PRO STÜCK: 509 KCAL | 12 G E | 29 G F | 51 G KH

ZZGL. 1 STD. RUHEZEIT

ZUTATEN FÜR 12 STÜCKE

FÜR DIE CREME

- **300 g weiße Schokolade, in Stücken**
- **700 g Sahne**
- **Saft von 1 unbehandelten Limette**
- **40 g Wasser**
- **1 Pck. Agar-Agar-Pulver**
- **500 g Quark**
- **100 g Zucker**
- **Lebensmittelfarben nach Belieben**
- **20 g Mohnsaat**

FÜR DEN TEIG

- **4 Eier**
- **140 g Zucker**
- **10 g selbst gemachter Vanillezucker (siehe Seite 11)**
- **100 g Mehl Type 405**
- **60 g Stärke**
- **1 TL Backpulver**
- **Abrieb von 1 unbehandelten Limette**

AUSSERDEM

- **eine halbrunde Schüssel (Ø 20 cm)**
- **Spritzbeutel mit versch. Blütentüllen**

1 | Eine Springform (Ø 26 cm) mit Backpapier auslegen. Ofen auf 180 °C Ober-/Unterhitze vorheizen. Schokolade im Mixtopf **5 Sek.** | **Stufe 7** zerkleinern. Mit dem Spatel nach unten schieben, 300 g Sahne zufügen, **5 Min.** | **60 °C** | **Stufe 2** schmelzen. Schokosahne umfüllen. Im Kühlschrank abkühlen lassen. Mixtopf spülen.

2 | Für den Teig den Rühraufsatz einsetzen. Eier, Zucker sowie Vanillezucker im Mixtopf **5 Min.** | **Stufe 4** schaumig schlagen. Mehl, Stärke, Backpulver sowie Limettenabrieb zufügen und **30 Sek.** | **Stufe 4** unterrühren. Teig in die vorbereitete Springform geben, im Ofen etwa 50 Min. backen. Dann aus der Form lösen und abkühlen lassen. Den Mixtopf und den Rühraufsatz spülen.

3 | Für die Creme in einem kleinen Topf Limettensaft mit Wasser erhitzen und Agar-Agar nach Packungsangabe aufkochen. Vom Herd nehmen und Hälfte vom Quark löffelweise einrühren.

4 | Den Rühraufsatz in den Mixtopf einsetzen, Schokosahne mit der übrigen Sahne hineingeben, unter Sichtkontakt auf **Stufe 3,5** steif schlagen. Weitere **30 Sek.** | **Stufe 2,5** einstellen, dabei löffelweise den Quark sowie Zucker unterrühren.

5 | 1/3 der Creme auf 4 Schälchen verteilen. Mit unterschiedlichen Pastellfarben nach Belieben einfärben. In je einen Spritzbeutel mit Blütentülle füllen und kalt stellen. Unter die übrige Creme den Mohn rühren.

6 | Den Tortenboden längs halbieren. Eine Bodenhälfte auf die Größe der Schüssel zuschneiden, beiseitelegen. Aus dem unteren Boden ein Tortenstück ausschneiden und in die passende runde Schüssel legen, sodass eine geschlossene Teigschale entsteht. Die Mohncreme in die Teigschale geben, mit dem zweiten Boden bedecken und etwas andrücken. Dann mind. 1 Std. in den Kühlschrank stellen.

7 | Die Torte vorsichtig auf eine Tortenplatte stürzen. Mit den Spritzbeuteln unterschiedlichen Blüten auf die Torte spritzen, dabei in der Mitte anfangen. Torte bis zum Servieren kalt stellen.

>**TIPP** Eine perfekt homogene Creme gelingt nur, wenn alle Zutaten die gleiche Temperatur haben. Den Quark solltet ihr daher zu Beginn der Zubereitung aus dem Kühlschrank holen, sonst vermischt er sich nicht so gut mit der Sahne.

mein

SCHNEEWITTCHENTORTE

00 30
std : min

LOW CARB LOW FAT

PRO STÜCK: 372 KCAL | 11 G E | 19 G F | 39 G KH
ZZGL. 4 STD. 30 MIN. RUHEZEIT
ZUTATEN FÜR 12 STÜCKE

FÜR DEN TEIG

* **100 g Mehl Type 405**
* **25 g Kakaopulver**
* **1 TL Backpulver**
* **75 g Zucker**
* **1 TL selbst gemachter Vanillezucker (siehe Seite 11)**
* **50 g weiche Butter**
* **3 Eier**

FÜR DIE FÜLLUNG

* **500 g Sahne**
* **8 Blatt weiße Gelatine**
* **500 g Quark**
* **150 g Puderzucker**
* **50 g Zitronensaft**

FÜR DEN GUSS

* **4 Blatt weiße Gelatine**
* **500 g Kirschgrütze (siehe Tipp unten)**

1 | Den Backofen auf 180 °C Ober-/Unterhitze vorheizen. Eine Springform (Ø 26 cm) mit Backpapier auslegen.

2 | Alle Teigzutaten in den Mixtopf geben. **10 Sek.** | **Stufe 2** vermischen, mit dem Spatel nach unten schieben. Dann **40 Sek.** | **Stufe 4** zu einem glatten Teig vermengen. Teig in die Form geben, glatt streichen und den Boden im vorgeheizten Backofen 18–20 Min. backen. Herausnehmen und auf einem Kuchengitter vollständig auskühlen lassen. Schokoboden vom Backpapier ablösen, auf eine Tortenplatte legen und einen Tortenring darumspannen. Mixtopf reinigen.

3 | Für die Füllung den Rühraufsatz einsetzen und die Sahne unter Sichtkontakt ohne Zeiteinstellung auf **Stufe 3,5** steif schlagen. Rühraufsatz entnehmen und die Sahne umfüllen.

4 | Gelatine 5 Min. in kaltem Wasser einweichen. Quark, 100 g Puderzucker sowie Zitronensaft in den Mixtopf geben und **10 Sek.** | **Stufe 5** glatt rühren. Gelatine ausdrücken und in einem kleinen Topf bei niedriger Hitze unter Rühren auflösen.

5 | 3 EL der Quarkcreme zur Gelatine geben und mit einem Schneebesen gründlich unterrühren. Quarkcreme im Mixtopf erneut **1 Min.** | **Stufe 3** mixen und dabei die Gelatinemasse zügig durch die Deckelöffnung des Mixtopfs dazugießen.

6 | Sahne mithilfe des Spatels unter die Quarkcreme ziehen und auf den vorbereiteten Tortenboden geben, glatt streichen.

7 | Die Torte mindestens 30 Min. in den Kühlschrank stellen. Inzwischen die Gelatine für den Guss 5 Min. in reichlich kaltem Wasser einweichen. Danach ausdrücken, in einen Topf geben und bei niedriger Hitze unter Rühren langsam auflösen.

8 | 3 EL der Kirschgrütze einrühren, gründlich unterrühren, dann den Rest der Kirschgrütze unter Rühren in den Topf geben. Auf die Torte geben und gleichmäßig verteilen. Die Schneewittchentorte mindestens 4 Std. im Kühlschrank durchkühlen lassen.

>KIRSCHGRÜTZE 1 Glas Kirschen abtropfen lassen, dabei den Saft auffangen. Kirschsaft in den Mixtopf geben. 50 g Zucker, 35 g Stärke sowie 1 TL Vanilleextrakt hinzufügen und **5 Sek.** | **Stufe 10** vermischen. Dann **9 Min.** | **100 °C** | **Stufe 2** aufkochen, bis die Masse andickt. Kirschen zugeben und **15 Sek.** | Linkslauf | **Stufe 2** untermischen. Wer die Grütze etwas feiner mag, kann die Kirschen zu Beginn mit in den Mixtopf geben und mitkochen.

>SCHNEEWITTCHEN Namenspate für diese Torte stand das berühmte Märchen der Brüder Grimm: „Ihre Haut ist so weiß wie Schnee, ihre Lippen rot wie Blut und ihr Haar schwarz wie Ebenholz!" – die drei Farben finden sich auch in der Torte!

LUFTIGER BISKUIT

Der lockere Teig gelingt mit der Power des Thermomix® jedes Mal perfekt. Die Verarbeitung ist ebenfalls einfach!

BISKUITBODEN

Mit diesem Teig könnt ihr Torten schichten oder Biskuitrollen zubereiten!

Den Backofen auf 190 °C Ober-/Unterhitze vorheizen. Für eine Rolle 1 Blech mit Backpapier belegen, für eine Torte 1 Springform (Ø 18 cm) mit Backpapier auslegen. Den Rühraufsatz einsetzen. 3 Eier, 120 g Zucker und 1 Prise Salz in den geben. Dann **6 Min. | 37 °C | Stufe 4** aufschlagen. Weitere **6 Min. | Stufe 4** aufschlagen. 120 g Mehl Type 405 mit ½ TL Backpulver zufügen, **3 Sek. | Stufe 4** vermengen. Teig auf das Blech bzw. in die Form geben. Biskuit 12–15 Min. auf mittlerer Schiene goldgelb backen. Für die Torte erhöht sich die Backzeit um 10 Min., aus dem Ofen nehmen, weiterverarbeiten. Durch die Zugabe von Kakao oder zum Beispiel gemahlenen Haselnüssen (siehe Bild unten) könnt ihr immer wieder neue Torten zaubern.

SO BLEIBT ES LUFTIG

Der softe Biskuitteig erhält seine Konsistenz durch kräftiges Aufschlagen, bei dem Luft in die Teigmasse gelangt. Anschließend gilt es, das Mehl nur sehr kurz unterzuheben, da die Luft sonst wieder entweicht.

GUT VORBEREITET

Ihr könnt Biskuitteig bereits am Vortag zubereiten und backen. Nach dem Backen ggf. aufrollen, abkühlen lassen und so über Nacht im Kühlschrank lagern. Am nächsten Tag könnt ihr die Biskuitrolle oder die Torte dann ganz entspannt befüllen bzw. weiterverarbeiten.

Zum Einfrieren eignen sich die noch ungefüllten Biskuit-Tortenböden. Diese nach dem Backen vollständig auskühlen lassen, dann könnt ihr sie, luftdicht verpackt, bis zu sechs Monate einfrieren. Zum Auftauen den Boden aus der Verpackung nehmen und im Kühlschrank fünf Stunden oder über Nacht auftauen lassen.

WANDELBARE ROLLE

Biskuitrollen sind so vielseitig! Dem Teig könnt ihr mit Kakaopulver einen Schoko-Kick verpassen oder ihn mit Lebensmittelfarbe – oder wie hier mit Matcha – bunt einfärben. Früchte in der Füllung lassen sich je nach Verfügbarkeit und Vorlieben austauschen. Auch bei der Creme habt ihr die Wahl zwischen einer fluffig gemixten Sahnefüllung, leichter Quarkcreme und Mascarponecreme. Ihr könnt den Boden zudem noch mit Konfitüre bestreichen, ehe ihr die Cremefüllung daraufgebt.

HOCH HINAUS

Backt ihr Tortenböden, ist die Art der gewählten Backform wichtig: Verwendet Formen mit glattem Rand, an dem der Teig „emporklettern" kann. Fett oder eine Antihaftbeschichtung würden diesen Prozess allerdings behindern.

KONDITORTRICK

BISKUITROLLEN UND TORTEN VOR DEM ANSCHNEIDEN 1 STUNDE ODER LÄNGER KÜHLEN. MIT EINEM SCHARFEN MESSER SÄGEN, NICHT DRÜCKEN. SO LÄUFT DIE FÜLLUNG NICHT HERAUS.

BISKUITROLLE IN 4 SCHRITTEN

Schritt 1: Richtig backen

Ein Blech mit Backpapier auslegen. Teig mit einem Spatel gleichmäßig darauf verteilen, anschließend bei Ober- und Unterhitze backen. Bei Umluft trocknet der Biskuit leicht aus! Achtet auf die Backzeit. Zu dunkler Biskuit wird brüchig und kann beim Aufrollen reißen.

Schritt 2: Aufrollen

Ein Küchentuch mit reichlich Zucker bestreuen. Den Biskuit nach dem Backen sofort auf das Küchenhandtuch stürzen. Bestreicht das Backpapier auf der Oberseite nun mit kaltem Wasser, um das Backpapier vorsichtig abziehen zu können. Die Biskuitplatte jetzt zügig, aber achtsam von einer kurzen Seite her mit dem Küchentuch zusammen aufrollen und bei Zimmertemperatur vollständig auskühlen lassen.

Schritt 3: Befüllen

Den abgekühlten Biskuit vorsichtig entrollen und mit der gewünschten Füllung bestreichen – etwas mehr Füllung auf der Seite auftragen, von der ihr aufrollt! Ggf. mit Beeren und Früchten bestreuen.

Schritt 4: Aufwickeln, kühlen, garnieren

Biskuit von einer kurzen Seite her vorsichtig aufrollen. Die fertige Biskuitrolle vor dem Anschnitt mindestens 1 Stunde kühlen, damit die Masse anzieht und fest genug zum Anschneiden ist. Zum Schluss garnieren.

ERDBEER-BISKUITROLLE

00 45
std : min

PRO STÜCK: 218 KCAL | 4 G E | 11 G F | 27 G KH
ZZGL. 1 STD. 30 MIN. RUHEZEIT
ZUTATEN FÜR 14 STÜCKE

FÜR DEN BISKUIT
- **4 Eier**
- **100 g Zucker zzgl. etwas mehr zum Bestreuen**
- **1 TL selbst gemachter Vanillezucker (siehe Seite 11)**
- **75 g Mehl Type 405**
- **1 Msp. Backpulver**
- **30 g Stärke**
- **1 Prise Salz**

FÜR DIE FÜLLUNG
- **350 g Erdbeeren, eine Hälfte in Stücken, die andere in Scheiben**
- **400 g Sahne**
- **2 Pck. Sahnesteif**
- **50 g Zucker**
- **1 EL selbst gemachter Vanillezucker (siehe Seite 11)**
- **200 g Erdbeerkonfitüre**

ZUM GARNIEREN
- **etwas Puderzucker**
- **nach Belieben Erdbeeren, halbiert**

1 | Den Backofen auf 190 °C Ober-/Unterhitze vorheizen. Ein Backblech mit Backpapier auslegen.

2 | Rühraufsatz einsetzen. Eier, Zucker und Vanillezucker in den geben und **6 Min.** | **37 °C** | **Stufe 4** aufschlagen. Danach weitere **6 Min.** | **Stufe 4** aufschlagen. Mehl, Backpulver, Stärke und Salz zugeben und **5 Sek.** | **Stufe 5** vermengen. Teig auf das Blech geben und verstreichen. Für ca. 12 Min. backen. Den spülen.

3 | Ein Küchenhandtuch mit etwas Zucker bestreuen, den Biskuit nach dem Backen auf das Tuch stürzen und sofort mithilfe des Tuches aufrollen und ca. 30 Min. auskühlen lassen.

4 | In der Zwischenzeit für die Füllung die Erdbeerstückchen **20 Sek.** | **Stufe 6** pürieren und umfüllen. spülen und Rühraufsatz einsetzen. Sahne und Sahnesteif in den geben und auf **Stufe 3** ohne Zeiteinstellung unter Sichtkontakt steif schlagen. Währenddessen Zucker und Vanillezucker durch die Deckelöffnung rieseln lassen. Erdbeerpüree dazugeben und erneut **30 Sek.** | **Stufe 3** verrühren.

5 | Biskuitboden ausrollen, mit Konfitüre und Sahne bestreichen und mit Erdbeerscheiben belegen. Die Biskuitrolle vorsichtig wieder zusammenrollen und mind. 1 Std. kalt stellen. Die Rolle mit Puderzucker bestäuben und mit Erdbeeren garniert servieren.

> **TIPP** Damit sich die Creme in der Rolle gleichmäßig verteilt, diese zu einer Seite hin etwas dicker auftragen und von dieser Seite die Rolle aufwickeln – durch das Aufrollen verteilt sich die Creme gleichmäßig. Zudem hilft es, die Creme nicht ganz bis zum Rand zu streichen, da sie noch leicht zu den Seiten gedrückt wird.

EASY

FRISCHKÄSE-KUPPELTORTE

01 | 10 std : min

PRO STÜCK: 678 KCAL | 11 G E | 39 G F | 71 G KH
ZZGL. 12 STD. 30 MIN. RUHEZEIT
ZUTATEN FÜR 12 STÜCKE

FÜR DIE FÜLLUNG
- **100 g weiße Schokolade, in Stücken**
- **400 g Sahne**
- **10 g selbst gemachter Vanillezucker (siehe Seite 11)**
- **500 g Frischkäse**

FÜR DEN MÜRBETEIG
- **200 g Mehl Type 405**
- **100 g Zucker**
- **150 g Butter, in Stücken**
- **30 g Wasser**
- **1 Prise Salz**

FÜR DEN BISKUIT
- **4 Eier**
- **100 g Zucker zzgl. 2 EL zum Bestreuen**
- **10 g selbst gemachter Vanillezucker (siehe Seite 11)**
- **100 g Mehl**
- **20 g Stärke**
- **1 TL Backpulver**

FÜR DIE KONFITÜRE
- **400 g Beerenmischung (TK), aufgetaut**
- **250 g Gelierzucker 2:1**

1 | Für die Füllung Schokolade im **6 Sek.** | **Stufe 8** zerkleinern. 200 g Sahne zugeben und **5 Min.** | **50 °C** | **Stufe 2** schmelzen. Die Schokosahne umfüllen und kalt stellen. Den spülen.

2 | Für den Mürbeteig alle Zutaten im **20 Sek.** | **Stufe 4** vermengen. Den Teig in Frischhaltefolie gewickelt 30 Min. kalt stellen. Den Backofen auf 200 °C Ober-/ Unterhitze vorheizen. Den spülen.

3 | Für den Biskuit den Rühraufsatz einsetzen. Eier, Zucker und Vanillezucker im **6 Min.** | **37 °C** | **Stufe 4** aufschlagen. Dann **6 Min.** | **Stufe 4** aufschlagen. Mehl, Stärke und Backpulver zufügen, **3 Sek.** | **Stufe 4** untermengen. Teig auf einem mit Backpapier ausgelegtem Blech verstreichen und etwa 12 Min. backen.

4 | Währenddessen den spülen. Für die Konfitüre Beeren und Gelierzucker einwiegen, **6 Min.** | **100 °C** | **Stufe 2** aufkochen. Ein Küchenhandtuch mit 2 EL Zucker bestreuen. Den Biskuitboden nach dem Backen auf das Tuch stürzen und das Backpapier abziehen. Den Teig mit 1/3 der Beerenkonfitüre bestreichen, eng aufrollen und auskühlen lassen. Die restliche Konfitüre umfüllen. Den spülen.

5 | Ein Blech mit Backpapier auslegen. Mürbeteig darauf zu einem großen Kreis (Ø 25 cm) ausrollen und ggf. mithilfe einer runden Schüssel ausschneiden. Den Teig auf der mittleren Schiene etwa 12 Min. hellbraun backen.

6 | Für die Füllung den Rühraufsatz einsetzen. Die Schokosahne, die restliche Sahne sowie den Vanillezucker im auf **Stufe 3** unter Sichtkontakt fast steif schlagen. Weitere **30 Sek.** | **Stufe 2,5** einstellen und den Frischkäse löffelweise durch die Deckelöffnung zufügen.

7 | Eine Schüssel (Ø 25 cm) mit Frischhaltefolie auslegen. Die Biskuitrolle in ca. 1 cm dicke Scheiben schneiden und die Stücke nebeneinander an Boden und Wand der Schüssel drücken, sodass keine Zwischenräume entstehen. Mit etwa der Hälfte der Konfitüre bestreichen.

8 | Frischkäsemasse in die Schüssel geben und verteilen. Die restliche Konfitüre darauf verteilen und glatt streichen. Den Mürbeteigboden abschließend auflegen. Ggf. den Rand begradigen. Die Torte mit der überlappenden Frischhaltefolie bedecken und über Nacht kalt stellen. Dann die Torte vorsichtig auf eine Kuchenplatte stürzen, die Folie abziehen und servieren.

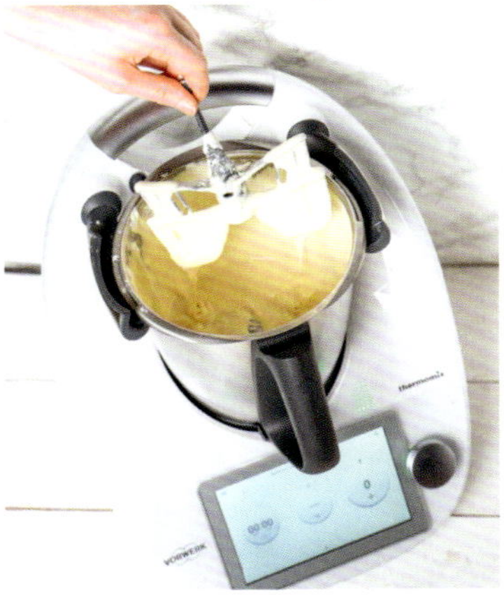

MOHN-ZITRONEN-NAKED-CAKE

01 | 00 std : min

PRO STÜCK: 545 KCAL | 8 G E | 37 G F | 45 G KH
ZZGL. 1 STD. RUHEZEIT
ZUTATEN FÜR 8 STÜCKE

FÜR DEN BODEN
- **3 Eier**
- **120 g Zucker**
- **1 TL selbst gemachter Vanillezucker (siehe Seite 11)**
- **120 g Mehl Type 405**
- **½ TL Backpulver**
- **50 g gemahlener Mohn**

FÜR DAS FROSTING
- **150 g Butter, in Stücken**
- **120 g Puderzucker**
- **300 g Frischkäse**
- **Abrieb von ½ unbehandelten Zitrone**
- **1 TL Zitronensaft**
- **200 g Sahne**

FÜR DIE GARNITUR
- **1 Sternfrucht, in Scheiben**
- **100 g Brombeeren (TK)**

1 | Eine Springform (Ø 18 cm) mit Backpapier auslegen. Den Rühraufsatz in den ◻ einsetzen. Dann die Eier, den Zucker sowie den Vanillezucker in den ◻ geben und **12 Min.** | **50 °C** | **Stufe 4** schaumig rühren.

2 | Den Backofen auf 160 °C Umluft vorheizen. Mehl, Backpulver sowie gemahlenen Mohn vermischen, in den ◻ geben und **5 Sek.** | **Stufe 3** unterrühren. Bei Bedarf wiederholen, bis eine homogene Masse entstanden ist. Den Teig in die Springform füllen und im vorgeheizten Ofen 25–30 Min. backen. Anschließend 5 Min. im Ofen ruhen lassen. Dann den Biskuit herausnehmen, auf einem Gitter vollständig auskühlen lassen. Den ◻ spülen.

3 | Für das Frosting Butter in den ◻ geben und **3 Min.** | **50 °C** | **Stufe 2** schmelzen. Puderzucker hinzufügen, **10 Sek.** | **Stufe 4** verrühren. Den Frischkäse, Zitronenabrieb und Zitronensaft in den ◻ geben, **10 Sek.** | **Stufe 4** vermengen. Umfüllen und 30 Min. kühl stellen. Den ◻ spülen.

4 | Den Biskuit zweimal waagerecht teilen. Den ersten Boden mit der Hälfte des Frostings gleichmäßig bestreichen. Den zweiten Boden vorsichtig auflegen, leicht andrücken und das restliche Frosting darauf verstreichen. Das Törtchen im Kühlschrank 30 Min. durchkühlen lassen.

5 | Den Rühraufsatz in den ◻ einsetzen, Sahne in den ◻ geben. Auf **Stufe 3** bei Sichtkontakt steif schlagen. Mithilfe einer Palette die Sahne dünn um die Torte streichen, sodass der Biskuit noch leicht durchscheint. Die Sternfruchtscheiben in der Mitte des Törtchens drapieren. Mit den Brombeeren garnieren und servieren.

>WARUM „NAKED"? Der Naked Cake trägt seinen Namen, weil die fluffigen Biskuitböden noch durch die nur recht dünn aufgetragene Sahneschicht schimmern – das macht ihn zur „nackten Torte".

>TÜR ZU! Öffnet nicht während des Backens die Ofentür, der Biskuit könnte sonst in sich zusammenfallen. Mehr Tipps und Tricks erfahrt ihr auf den Seiten 122 und 123.

SCHOKO-ERDBEER-QUARKTORTE

00 30
std : min

LOW CARB LOW FAT

PRO STÜCK: 207 KCAL | 7 G E | 9 G F | 23 G KH
ZZGL. 30 MIN. RUHEZEIT
ZUTATEN FÜR 12 STÜCKE

FÜR DEN BISKUIT
- **3 Eier**
- **75 g Zucker**
- **1 Prise Salz**
- **75 g Mehl Type 405**
- **20 g gemahlene Mandeln**
- **1 EL Kakaopulver zzgl. etwas mehr für die Form**
- **Butter zum Einfetten**

FÜR DEN BELAG UND ZUM GARNIEREN
- **5 Blatt Gelatine**
- **200 g Sahne**
- **500 g Erdbeeren, in Stücken, zzgl. etwas mehr zum Garnieren**
- **75 g Puderzucker**
- **250 g Quark**
- **1 EL selbst gemachter Vanillezucker (siehe Seite 11)**
- **Abrieb von ½ unbehandelten Zitrone**
- **30 g Schokoraspel (Zartbitter)**

1 | Den Backofen auf 180 °C Ober-/Unterhitze vorheizen. Eier, Zucker und Salz im Mixtopf **30 Sek.** | **Stufe 4** zu einer cremigen Masse aufschlagen. Mehl, Mandeln sowie Kakao zufügen und **30 Sek.** | **Stufe 4** unterrühren. Den Mixtopf spülen.

2 | Eine Springform (Ø 28 cm) mit Butter einfetten und mit Kakao ausstreuen. Teig in die Form geben, glatt streichen und im Ofen 12–15 Min. backen. Abkühlen lassen, aus der Form lösen und auf einem Kuchengitter erkalten lassen.

3 | In der Zwischenzeit die Gelatine in kaltem Wasser einweichen. Den Rühraufsatz einsetzen. Die Sahne einwiegen und auf **Stufe 3,5** ohne Zeiteinstellung unter Sichtkontakt steif schlagen. Den Rühraufsatz entnehmen und die Sahne umfüllen.

4 | 200 g Erdbeeren mit 10 g Puderzucker im Mixtopf **20 Sek.** | **Stufe 8** fein pürieren. Das Erdbeerpüree durch ein feines Sieb streichen, dabei das Erdbeermark auffangen. Den Quark einwiegen und mit dem übrigen Puderzucker, Vanillezucker sowie Zitronenabrieb **3 Min.** | Teigstufe glatt rühren.

5 | Währenddessen die Gelatine gut ausdrücken und in einem Topf bei kleiner Hitze schmelzen lassen. 3–4 EL Erdbeermark einrühren, zusammen mit dem übrigen Erdbeerpüree zum Quark geben, unterrühren und die Sahne mit dem Spatel unterheben. Umfüllen und ca. 30 Min. im Kühlschrank ziehen lassen.

6 | Den Kuchenboden auf eine Platte legen und mit der Erdbeercreme bestreichen. Mit restlichen Erdbeeren und Schokoraspeln garnieren und bis zum Servieren kalt stellen.

> **HINWEIS** Der Boden wird in diesem Fall gefettet, da der Teig sich so besser lösen lässt.

KUCHEN OHNE BACKEN

Mit diesen Rezeptideen bleibt der Ofen kalt. Die Kreationen aus dem Mixtopf werden im Kühlschrank fertiggestellt

SOFORT GENIESSEN

Diese Mascarponecreme könnt ihr auf fertige oder selbst gemachte Obstböden, sowie auf Keksböden (siehe rechte Seite) geben, mit Früchten belegen und servieren – sogar ohne weitere Kühlzeit. Dafür 400 g kalte Mascarpone mit 100 g Joghurt, 30 g Puderzucker, Saft von ½ Zitrone und Mark von 1 Vanilleschote im **10 Sek. | Stufe 4** vermengen. Nun auf den vorbereiteten Boden streichen und nach Belieben zum Beispiel frische Beeren, Bananenscheiben oder softe Früchte aus der Dose auflegen. Fertig!

SICHER AUF DIE TORTENPLATTE

Kühlschrankkuchen haften aufgrund ihres hohen Feuchtigkeitsgehalts oft stark am Springformboden. Damit ihr euer Gebäck am Stück auf eine Tortenplatte setzen könnt, hilft folgender Trick: Legt vor dem Einfüllen der Masse einen Bogen Backpapier auf den Boden der Backform und spannt diesen mit dem Ring fest. Nach der Kühlzeit könnt ihr den gesamten Kuchen mithilfe des Papiers vom Backformboden auf die Kuchenplatte ziehen, ohne den Kuchen anheben zu müssen.

SEIDIGE KONSISTENZEN

Bei kalten Kuchen dreht sich alles um supersofte Cremes und Schichten, die im Kühlschrank fest werden und anschließend seidig-glatte Kuchenstücke oder Schnitten ergeben. Mit der Power des Thermomix® gelingt diese perfekte Cremigkeit wirklich einfach, da die hohen Umdrehungen und das scharfe Mixmesser die Zutaten in Sekunden homogen vermengen. Während der Mixvorgänge lohnt es sich, mit dem die Creme immer wieder nach unten zum Messer zu schieben.

GELATINE VERWENDEN

Für feste Cremes, Füllungen und Toppings kommt häufig Gelatine oder die vegetarische Alternative Agar-Agar zum Einsatz. Sie unterscheiden sich nur geringfügig in der Anwendung: Agar-Agar wird aufgekocht, damit die Gelierkraft aktiviert wird, Gelatine wird nur erwärmt und nicht gekocht.

Damit keine Klümpchen in euren Cremes entstehen, empfiehlt es sich, die Mischung langsam anzugleichen. Das heißt: Stets ein paar Löffel der zu gelierenden Creme in einer separaten Schüssel mit dem jeweiligen Geliermittel cremig zu rühren, und erst dann diese Mischung zur restlichen Creme zu geben. So kann nichts schiefgehen!

GUTE IDEE

Unser wertvollster Trick für die Zubereitung im Thermomix®: Gebt die Gelatinemischung nach dem Angleichen bei laufendem Messer durch die Deckelöffnung zur Creme in den . So wird konstant gerührt und es entstehen garantiert keine Klümpchen.

KLASSISCHE „PHILADELPHIA"-TORTE

Der sahnig-erfrischende Kühlschrankkuchen ist in nur 30 Minuten zubereitet und lässt sich im Handumdrehen variieren. 500 g Sahne mit dem Rühraufsatz ohne Zeiteinstellung auf **Stufe 3,5** unter Sichtkontakt steif schlagen. Rühraufsatz entnehmen und umfüllen. 30 g Agar-Agar mit 100 g Wasser im **4 Min. | 100 °C | Stufe 2** köcheln lassen. 10 Min. abkühlen lassen und 50 g Frischkäse mit dem unterrühren. 150 g Frischkäse, 150 g Zucker, 1 EL Vanillezucker sowie Saft und Abrieb von 1 unbehandelten Zitrone zufügen und **15 Sek. | Stufe 3** glatt rühren. Sahne mit dem unter die Frischkäsemasse heben. In eine Springform oder einen Tortenring mit Kuchenboden nach Wahl geben, glatt streichen und mind. 5 Std. kalt stellen.

> IDEE Mit 1 Päckchen Götterspeise könnt ihr den Geschmack verändern. Anstelle des Agar-Agars nach Packungsangabe mit 250 g Wasser **4 Min. | 70 °C | Stufe 3** erwärmen, abkühlen lassen. Nun mit der Frischkäsecreme wie beschrieben fortfahren.

ZART SCHMELZEND UND CREMIG!

COOL & ELEGANT

FRUCHT-SWIRL

Frischkäse- und Quarkcremes könnt ihr vor dem Kaltstellen mit einem fruchtigen Püree durchziehen, sodass ein hübscher Swirl bzw. Wirbel entsteht und die Creme noch eine fruchtige Note bekommt.

Für 300 g Frucht-Swirl-Püree 300 g Früchte nach Wahl (z. B. Himberen oder Pfirsiche) mixen:

20 SEK. | STUFE 6

VARIANTEN FÜR KNUSPERBODEN

- „OREO"-KEKSE
- HAFERKEKSE
- LÖFFELBISKUITS
- PUFFREIS
- POPCORN
- KNUSPERMÜSLI
- CEREALIEN WIE „SMACKS"

NO-BAKE-BODEN

Basis REZEPT

Der Klassiker besteht aus zerkrümelten Butterkeksen und geschmolzener Butter. Für eine Springform (Ø 26 cm) 100 g Butter im **3 Min. | 50 °C | Stufe 2** schmelzen. 200 g Butterkekse zugeben und **5 Sek. | Stufe 8** vermengen. Diese Masse auf den Boden einer Springform geben, mit einem Löffel gleichmäßig verteilen, flach drücken und mind. 1 Std. kalt stellen. Den Klassiker könnt ihr auch mit anderen Keksen zubereiten oder als vegane Variante mit einer Mischung aus Kokosfett und Margarine!

„APEROL"-SPRITZ-TORTE MIT BAISERHAUBE

00 30 std : min

PRO STÜCK: 466 KCAL | 10 G E | 26 G F | 42 G KH
ZZGL. 3 STD. RUHEZEIT
ZUTATEN FÜR 12 STÜCKE

FÜR DEN BODEN
- **90 g Butter, in Stücken, zzgl. etwas mehr zum Fetten der Form**
- **200 g Butterkekse**

FÜR DIE BAISERHAUBE UND DEKORATION
- **2 Eiweiß**
- **1 Prise Salz**
- **90 g Zucker**
- **1 TL Zitronensaft**

FÜR DIE CREME UND DEN GUSS
- **200 g Sahne**
- **10 g selbst gemachter Vanillezucker (siehe Seite 11)**
- **400 g Mascarpone**
- **400 g Quark**
- **190 g „Aperol"**
- **60 g Prosecco**
- **160 g Zucker**
- **1½ Pck. Instant-Gelatine (30 g)**
- **1 unbehandelte Orange, halbiert und in dünnen Scheiben**

AUSSERDEM
- **Flambierer**

1 Eine Springform (Ø 26 cm) mit Backpapier auslegen, die Ränder mit Butter einfetten. Für den Boden die Kekse in den geben, **10 Sek.** | **Stufe 6** zerkleinern und umfüllen. Die Butter in den geben und **3 Min.** | **60 °C** | **Stufe 2** schmelzen. Dann die Kekse wieder zufügen und beides **15 Sek.** | **Stufe 3** vermengen.

2 Die Butter-Keks-Masse in die Form geben, mit einem Löffel verteilen und festdrücken. Form in den Kühlschrank stellen und den säubern.

3 Für die Baiserhaube den Rühraufsatz in den einsetzen. Eiweiße mit dem Salz hineingeben und **2 Min.** | **Stufe 3,5** steif schlagen. Weitere **6 Min.** | **Stufe 2** einstellen, dabei den Zucker nach und nach einrieseln lassen sowie den Zitronensaft zufügen. Die Baisermasse kalt stellen. Den und den Rühraufsatz spülen.

4 Für die Creme den Rühraufsatz erneut einsetzen. Die Sahne mit dem Vanillezucker in den geben und bei Sichtkontakt auf **Stufe 3** steif schlagen. Umfüllen und den spülen.

5 Mascarpone, Quark, 50 g „Aperol", Prosecco und 125 g Zucker sowie 1 Pck. Gelatinepulver in den geben und alles **20 Sek.** | **Stufe 3** vermengen. Die Sahne mit dem unter die Masse heben. Die halbierten Orangenscheiben am Rand der Kuchenform aufstellen. Die Creme auf dem vorbereiteten Keksboden verteilen, glatt streichen und mind. 1 Std. kalt stellen.

6 Für den Guss den übrigen „Aperol" mit Rest Zucker und restlichem Gelatinepulver sehr gut verrühren. Vorsichtig auf der Torte verteilen und für weitere 2 Std. kalt stellen.

7 Die Torte vorsichtig aus der Form lösen. Baisermasse in einen Spritzbeutel füllen. In Tupfen auf die Torte spritzen und mit einem Flambierer goldbraun flambieren. Torte in Stücke schneiden und servieren.

> **VARIANTE** Ihr möchtet die Torte zubereiten, aber lieber auf den Alkohol verzichten? Kein Problem. Verwendet entweder alkoholfreien Sekt statt des Proseccos und Saft anstelle des „Aperol" oder ihr ersetzt beides durch Fruchtsaft eurer Wahl.

LEICHTE HUGO-TORTE

00 30
std : min

PRO STÜCK: 339 KCAL | 10 G E | 18 G F | 31 G KH

ZZGL. 2 STD. RUHEZEIT

ZUTATEN FÜR 12 STÜCKE

FÜR DEN BODEN

- **250 g Löffelbiskuits**
- **120 g Butter, in Stücken, zzgl. etwas mehr zum Fetten der Form**

FÜR DIE CREME

- **600 g Quark**
- **200 g Prosecco**
- **Saft und Abrieb von 2 unbehandelten Limetten**
- **70 g Holunderblütensirup**
- **1 Pck. Agar-Agar-Pulver (10 g)**
- **300 g Sahne**
- **75 g Puderzucker**
- **einige Blättchen Minze, zum Garnieren**

1 | Boden einer Springform (Ø 26 cm) mit Backpapier auslegen und die Ränder fetten. Für den Boden die Löffelbiskuits in den geben, **6 Sek.** | **Stufe 8** zerkleinern und umfüllen.

2 | Butter im **3 Min.** | **80 °C** | **Stufe 1** schmelzen. Die Biskuitbrösel zur Butter geben und **10 Sek.** | **Stufe 3** vermischen. Mischung in die Springform füllen, gleichmäßig verteilen und mit einem Löffel festdrücken. In den Kühlschrank stellen und den reinigen.

3 | Für die Creme Quark, Prosecco sowie Limettensaft in den geben, **10 Sek.** | **Stufe 3** verrühren und umfüllen. Holunderblütensirup mit Agar-Agar in den geben und **3 Min.** | **100 °C** | **Stufe 1** köcheln lassen.

4 | 40 g von der Quarkmasse zufügen und **5 Sek.** | **Stufe 3,5** einrühren. Die restliche Quarkmasse zugeben und weitere **12 Sek.** | **Stufe 3** cremig rühren. Die Creme umfüllen und den reinigen.

5 | Den Rühreinsatz in den einsetzen, Sahne mit Zucker auf **Stufe 3** unter Sichtkontakt steif schlagen und unter die Quarkmasse heben. Hugo-Creme auf dem Keksboden verteilen, mit Limettenabrieb und Minzblättchen garnieren. Torte vor dem Servieren mind. 2 Std. kalt stellen.

>ALKOHOLFREI Natürlich ist die Zubereitung auch ohne Alkohol möglich, dann ersetzt ihr den Prosecco entweder durch alkoholfreien Sekt oder aber Zitronenlimonade.

>MINI-TÖRTCHEN Wer ausreichend kleine Förmchen oder Schalen mit flachem Boden hat, kann auch viele kleine Törtchen zubereiten. Sie eignen sich besonders als Dessert für ein mehrgängiges Menü, sehen aber auch auf dem Kuchenbüfett toll aus. Alternativ könnt ihr den Keksboden in Gläser füllen und die Crememasse daraufgeben. So könnt ihr die Torte als süßes Partyfood zum Genuss im Stehen servieren!

APFEL-SCHMAND-TORTE

00 | 45
std : min

PRO STÜCK: 411 KCAL | 3 G E | 30 G F | 29 G KH
ZZGL. 1 STD. RUHEZEIT
ZUTATEN FÜR 12 STÜCKE

FÜR DEN BODEN
- **250 g Haferkekse**
- **100 g weiche Butter, in Stücken**

FÜR DIE CREME UND DEN GUSS
- **500 g säuerliche Äpfel, geviertelt und entkernt**
- **2 EL Zitronensaft**
- **500 g Sahne**
- **40 g Zucker**
- **3 Pck. Sahnesteif**
- **250 g Schmand**
- **klarer Apfelsaft zum Auffüllen**
- **1 Pck. klarer Tortenguss**

1 | Boden einer Springform mit Backpapier auslegen, den Rand nicht einfetten. Für den Boden Haferkekse und Butter in den geben, **15 Sek.** | **Stufe 6** zerkleinern, in die Springform geben und andrücken. Den spülen.

2 | Äpfel und Zitronensaft in den geben, **15 Sek.** | **Stufe 6** zerkleinern. Den Garkorb auf einen tiefen Teller geben, die Äpfel hineinschütten, gut ausdrücken, dabei den Saft auffangen. Den spülen.

3 | Für die Creme Rühraufsatz einsetzen. Sahne, 30 g Zucker und Sahnesteif in den geben und ohne Zeiteinstellung **Stufe 3** bis zur gewünschten Festigkeit steif schlagen. Schmand zufügen und **5 Sek.** | **Stufe 3** unterrühren.

4 | Ausgedrückte Äpfel zugeben und **3 Sek.** | **Stufe 3** unterrühren, dann den Rühraufsatz entfernen. Apfel-Schmand-Sahne in die vorbereitete Springform füllen, glatt streichen und kalt stellen. Den spülen.

5 | Für den Guss 300 g Apfelsaft (den aufgefangenen Saft mit klarem Apfelsaft auffüllen), 10 g Zucker sowie den Tortenguss in den geben und **5 Sek.** | **Stufe 5** verrühren, dann **4 Min.** | **100 °C** | **Stufe 1** aufkochen. 2 Min. abkühlen lassen, dann vorsichtig gleichmäßig über einen Esslöffel auf die Apfel-Schmand-Sahne laufen lassen. Torte 1 Std. kalt stellen. Torte aus der Form lösen, in 12 Stücke schneiden und servieren.

>VEGETARISCH? Wenn ihr euch vegan oder vegetarisch ernährt, solltet ihr beim Tortenguss auf die Zutatenlisten der Hersteller schauen. Meistens kommt jedoch bei klarem Tortenguss Carrageen oder Agar-Agar zum Einsatz, somit ist er vegan.

EASY

FRISCHKÄSETORTE MIT BEEREN

00 30
std : min

PRO STÜCK: 304 KCAL | 8 G E | 19 G F | 22 G KH
ZZGL. 4 STD. 30 MIN. RUHEZEIT
ZUTATEN FÜR 12 STÜCKE

FÜR DEN BODEN
- **150 g Zwieback, in Stücken**
- **75 g weiche Butter, in Stücken**

FÜR DIE CREME
- **5 Blatt Gelatine**
- **100 g Wasser**
- **75 g Zucker**
- **Abrieb und Saft von 1 unbehandelten Limette**
- **500 g Frischkäse**
- **300 g Joghurt**

FÜR DIE GRÜTZE
- **300 g gemischte Beeren (z.B. Himbeeren, Rote Johannisbeeren und Heidelbeeren)**
- **125 g Kirschsaft**
- **10 g Stärke**
- **25 g Zucker**

1 | Boden einer Springform (Ø 24 cm) mit Backpapier auslegen. Für den Boden Zwieback mit Butter in den geben, **15 Sek.** | **Stufe 5** zerkleinern und in die Springform füllen. Bröselmischung gut andrücken, die Form 30 Min. kalt stellen. In dieser Zeit den spülen und mit dem Rezept fortfahren.

2 | Für die Creme die Gelatine nach Packungsangabe in kaltem Wasser einweichen. Wasser mit Zucker in den geben und **3 Min.** | **100 °C** | **Stufe 1** aufkochen. Sirup 5 Min. abkühlen lassen.

3 | Limettenabrieb mit -saft sowie die gut ausgedrückte Gelatine zufügen und **20 Sek.** | **Stufe 2,5** auflösen.

4 | Den Rühraufsatz einsetzen. Frischkäse und Joghurt in den zugeben und **30 Sek.** | **Stufe 2,5** cremig rühren. Rühraufsatz entfernen. Creme auf den Bröselboden streichen und abgedeckt mindestens 4 Std., am besten über Nacht, in den Kühlschrank stellen. Den spülen.

5 | Für die Grütze 150 g Beeren, Saft, Stärke und Zucker in den geben und **10 Sek.** | **Stufe 9** pürieren, dann **6 Min.** | **100 °C** | **Stufe 3** erhitzen. Restliche Beeren zugeben, **10 Sek.** | ↺ | **Stufe 1,5** untermischen. Dann die Grütze in eine Schüssel umfüllen und abkühlen lassen.

6 | Torte vorsichtig aus der Form lösen und auf eine Tortenplatte setzen. Mit etwas Beerengrütze garnieren und mit der restlichen Beerengrütze servieren.

>BLITZREZEPT Die Torte könnt ihr statt mit Grütze auch nur mit frischen Beeren garnieren, so spart ihr euch noch einmal fast 10 Minuten bei der Zubereitung!

WEISSER KALTER HUND

00 | 25
std : min

LOW CARB LOW FAT

PRO STÜCK: 258 KCAL | 3 G E | 18 G F | 21 G KH

ZZGL. 1–2 TAGE RUHEZEIT

ZUTATEN FÜR 20 STÜCKE

- 150 g Zucker
- 200 g weiße Kuvertüre, in Stücken
- 200 g Kokosfett, in Stücken
- 3 Eier
- 2 TL Vanilleextrakt
- 30 g Milch
- 2 EL Zartbitter-Raspelschokolade
- 250 g Vollmilch-Schokoladen-Butterkekse

1 | Eine Kastenform (11 × 26 cm) mit Backpapier auslegen. Zucker in den geben, **10 Sek. | Stufe 10** zu Puderzucker verarbeiten. Umfüllen. Kuvertüre mit Kokosfett in den geben, **10 Sek. | Stufe 8** zerkleinern. Mit dem nach unten schieben. **5 Min. | 50 °C | Stufe 1** schmelzen. Umfüllen und den reinigen.

2 | Den Rühraufsatz in den einsetzen. Eier, Puderzucker, Vanilleextrakt sowie Milch in den geben und **4 Min. | Stufe 3** aufschlagen. Noch mal **1 Min. | Stufe 3** einstellen und dabei die Schokoladen-Kokosfett-Mischung langsam durch die Deckelöffnung in die Eimasse gießen.

3 | 1 EL Schoko-Raspel in der Kastenform verteilen, dann etwa 1 cm dick die Schoko-Masse daraufgießen. Die Schoko-Butterkekse mit einem scharfen Messer zurechtschneiden. Schoko-Masse mit 1 Schicht Keksen belegen, dabei die mit Schokolade überzogene Seite nach unten legen. Abwechselnd Schoko-Masse und Kekse in die Form schichten, bis beide aufgebraucht sind. Mit der Schoko-Masse enden.

4 | Mit Frischhaltefolie luftdicht verschließen und die Kastenform idealerweise 1–2 Tage in den Kühlschrank stellen, damit der kalte Hund durchzieht und sich gut schneiden lässt. Vor dem Servieren aus der Form stürzen und mit den restlichen Schoko-Raspeln bestreuen.

>HALTBARKEIT Der Kuchen bleibt im Kühlschrank gelagert etwa 5 Tage frisch. Lasst ihn nicht zu lange auf der Kaffeetafel stehen, damit er nicht zu weich wird. Am besten nur die benötigte Menge an Scheiben abschneiden und gleich wieder kalt stellen.

>AUF DEN HUND GEKOMMEN? Woher dieser No-Bake-Kuchen aus Kindheitstagen seinen Namen hat, ist nicht eindeutig. Manche meinen, dass er sich von „Hunt" ableitet, einem längliche Wagen aus dem Bergwerk. Andere wiederum sehen in diesem Kuchen eine Hundeschnauze, weshalb der Kuchen auch Kalte Schnauze genannt wird.

EASY

PFIRSICH-SWIRL-TORTE

00 30
std : min

PRO STÜCK: 313 KCAL | 5 G E | 23 G F | 23 G KH
ZZGL. 4 STD. RUHEZEIT
ZUTATEN FÜR 12 STÜCKE

FÜR DEN BODEN
* **125 g Butter, in Stücken, zzgl. etwas mehr zum Fetten der Form**
* **150 g Butterkekse, halbiert**

FÜR DIE CREME
* **100 g Zucker**
* **8 Blatt weiße Gelatine**
* **550 g Frischkäse**
* **300 g Joghurt**

FÜR DEN SWIRL
* **2 Blatt weiße Gelatine**
* **240 g Pfirsichhälften (Dose), abgetropft**

1 | Springform (Ø 26 cm) mit Backpapier auslegen, den Boden und die Seiten mit Butter einfetten. Butterkekse in den geben, **7 Sek.** | **Stufe 7** zerkleinern und umfüllen. Butter in den geben, **2 Min.** | **70 °C** | **Stufe 1** schmelzen. Keksbrösel **30 Sek.** | **Stufe 2** unterrühren. In die vorbereitete Form geben, gleichmäßig andrücken und in den Kühlschrank stellen. Den spülen.

2 | Inzwischen für die Frischkäse-Joghurt-Masse den Zucker in den geben, **10 Sek.** | **Stufe 10** zu Puderzucker verarbeiten. Die Gelatine 5 Min. in reichlich kaltem Wasser einweichen. Frischkäse und Joghurt in den geben und **15 Sek.** | **Stufe 5** glatt rühren. Gelatine ausdrücken, in einen kleinen Topf geben und bei niedriger Hitze unter Rühren auflösen. 4 EL der Frischkäse-Joghurt-Masse mit einem Schneebesen gründlich unter die Gelatine rühren.

3 | Die Masse im erneut **1 Min.** | **Stufe 4** verrühren, dabei die angerührte Gelatinemischung zügig durch die Deckelöffnung in den gießen. Die Masse gleichmäßig auf den Keksboden streichen, bei Raumtemperatur stehen lassen. Den reinigen und rasch weiterarbeiten.

4 | Für den Swirl die Gelatine nach Packungsangabe in kaltem Wasser einweichen. Währenddessen die Pfirsichhälften in den geben und **15 Sek.** | **Stufe 6** pürieren. Die Gelatine gut ausdrücken, in einen kleinen Topf geben und bei niedriger Hitze unter Rühren auflösen.

5 | 2 EL des Pfirsichpürees mit einem Schneebesen gründlich unter die Gelatine rühren. Das Pfirsichpüree im erneut **1 Min.** | **Stufe 3** verrühren und dabei die angerührte Gelatinemischung durch die Deckelöffnung in den gießen. Die Pfirsichmasse auf die Füllung gießen und mithilfe einer Gabel einen Wirbel („Swirl") ziehen. Die Torte mind. 4 Std. in den Kühlschrank stellen.

>VARIANTEN Für eine Tiramisu-Torte statt der Butterkekse Löffelbiskuits verwenden, 30 g Amaretto in die Frischkäsemasse rühren, den Pfirsich-Swirl weglassen und die Torte stattdessen mit Kakaopulver oder Instant-Espressopulver bestäuben. Für eine Limettentorte statt der Butterkekse Schokoladenkekse verwenden, den Saft von 2 Limetten unter die Frischkäsemasse rühren, den Pfirsich-Swirl weglassen und als Deko kandierte Limettenscheiben auf die Torte legen.

„RAFFAELLO“-TORTE

00 20
std : min

LOW CARB LOW FAT

PRO STÜCK: 573 KCAL | 13 G E | 39 G F | 44 G KH
ZZGL. 3 STD. RUHEZEIT
ZUTATEN FÜR 12 STÜCKE

FÜR DEN BODEN

- **70 g Butter, in Stücken, zzgl. etwas mehr zum Fetten der Form**
- **200 g Zitronenkekse**

FÜR DIE CREME UND ZUM GARNIEREN

- **200 g Kokosnussmus**
- **800 g Frischkäse**
- **300 g Joghurt**
- **Abrieb und Saft von 1 unbehandelten Limette**
- **30 g selbst gemachter Vanillezucker (siehe Seite 11)**
- **130 g Zucker**
- **1 Pk. weiße Instant-Gelatine zum Kaltanrühren**
- **2 EL Kokosraspel**
- **13 „Raffaello“-Kugeln**
- **50 g weiße Schokolade**

1 | Eine Springform (Ø 26 cm) oder eckige Backform (ca. 22 × 22 cm) mit Backpapier auslegen und die Seiten mit Butter einfetten. Für den Boden die Kekse in den Mixtopf geben, **6 Sek.** | **Stufe 8** zerkleinern und umfüllen. Die Butter **3 Min.** | **100 °C** | **Stufe 1** schmelzen. Kekskrümel zur Butter geben und **20 Sek.** | **Stufe 3** vermischen. Die Keksmischung in die Form füllen, gleichmäßig verteilen, festdrücken und kalt stellen. Mixtopf spülen.

2 | Für die „Raffaello“-Creme Kokosnussmus, Frischkäse, Joghurt, Abrieb sowie Saft der Limette, Vanillezucker, Zucker, Instant-Gelatine in den Mixtopf geben und mithilfe des Spatels **1 Min.** | **Stufe 4** glatt rühren. Die Masse auf dem Keksboden verstreichen und die Torte 3 Std. im Kühlschrank kalt stellen. Mit Kokosraspeln bestreuen und mit „Raffaello“-Kugeln verzieren. Die Schokolade vorsichtig mit einem Sparschäler raspeln und auf der Tortenmitte dekorativ anrichten.

> TIPP Die Torte auf jeden Fall schön kalt servieren, dann lässt sie sich auch gut schneiden und schmeckt sehr erfrischend. Hilfreich ist es, das Messer vor dem Schneiden eines Stücks kurz unter kaltem Wasser abzuspülen, so gleitet es noch besser durch die Torte.

PFIRSICH-BUTTERMILCH-TORTE

00:35 std : min

PRO STÜCK: 383 KCAL | 9 G E | 25 G F | 31 G KH
ZZGL. 3 STD. 30 MIN. RUHEZEIT
ZUTATEN FÜR 12 STÜCKE

FÜR DEN BODEN

- **70 g Butter, in Stücken, zzgl. etwas mehr zum Fetten der Form**
- **200 g Vollkornkekse**

FÜR DIE CREME UND ZUM GARNIEREN

- **250 g Sahne**
- **500 g zimmerwarme Buttermilch**
- **Abrieb und Saft von 1 unbehandelten Zitrone**
- **120 g Zucker**
- **25 g pflanzliches Geliermittel (z.B. Agar-Agar)**
- **300 g Quark**
- **300 g Mascarpone**
- **2 TL Vanilleextrakt**
- **2 EL Mandelblättchen**
- **5 frische reife Pfirsiche, geschält und in Spalten geschnitten**

1 | Eine Springform (Ø 26 cm) mit Backpapier auslegen, Boden und Seiten mit Butter einfetten. Für die Creme Rühraufsatz in den einsetzen und die Sahne auf **Stufe 3** unter Sichtkontakt steif schlagen. Umfüllen, kühl stellen und den reinigen.

2 | Für den Boden Vollkornkekse in den geben und **6 Sek.** | **Stufe 8** zerkleinern, umfüllen. 70 g Butter **3 Min.** | **100 °C** | **Stufe 1** schmelzen. Kekskrümel zur Butter geben und **20 Sek.** | **Stufe 3** vermischen. Keksmischung in die Springform geben, gleichmäßig verteilen, festdrücken und kalt stellen. reinigen.

3 | Für die Creme Buttermilch, Abrieb sowie Saft der Zitrone, Zucker, Agar-Agar in den geben und **8 Min.** | **100 °C** | **Stufe 1** köcheln. Umfüllen und auf etwa 50 °C abkühlen lassen, dabei immer wieder umrühren.

4 | Die Sahne in eine große Rührschüssel geben. Sobald die Buttermilchmasse geliert, zügig arbeiten. Quark, Mascarpone sowie Vanilleextrakt in den geben und **10 Sek.** | **Stufe 3** cremig rühren. Buttermilchmasse zufügen und alles **20 Sek.** | **Stufe 4** vermischen.

5 | Einige EL Buttermilch-Quark-Mischung vorsichtig in die Sahne rühren, anschließend die ganze Masse vorsichtig unter die Sahne heben. Auf den Keksboden in die Springform geben und glatt streichen.

6 | Die Kühlschranktorte mindestens 3 Std. kalt stellen. Mandelblättchen ohne Fett in einer Pfanne rösten, bis sie goldbraun sind und duften. Torte ringsherum mit Pfirsichspalten belegen und mittig mit gerösteten Mandeln garnieren.

>TIPP Anstelle frischer Pfirsiche könnt ihr auch eine große Dose Tortenpfirsiche (500 g Abtropfgewicht) verwenden, die ihr in einem Sieb oder dem Garkorb gut abtropfen lasst.

PHILADELPHIATORTE MIT WALDMEISTER

00 20
std : min

LOW CARB LOW FAT

PRO STÜCK: 464 KCAL | 10 G E | 30 G F | 38 G KH
ZZGL. 4 STD. 30 MIN. RUHEZEIT
ZUTATEN FÜR 12 STÜCKE

FÜR DIE CREME
- **300 g Sahne**
- **10 g selbst gemachter Vanillezucker (siehe Seite 11)**
- **250 g Waldmeistersirup**
- **2 EL Agar-Agar-Pulver**
- **400 g Frischkäse, Zimmertemperatur**
- **300 g Quark, Zimmertemperatur**
- **100 g Zucker**

FÜR DEN BODEN UND ZUM GARNIEREN
- **100 g Butter, in Stücken**
- **200 g Haferkekse**
- **200 g Erdbeeren, in Scheiben**

1 | Den Rühraufsatz in den einsetzen. Für die Creme Sahne mit Vanillezucker in den geben und auf **Stufe 3** unter Sichtkontakt steif schlagen. Die Sahne umfüllen und kalt stellen.

2 | Springform (Ø 26 cm) mit Backpapier auslegen. Für den Boden Butter in den geben und **3 Min.** | **60 °C** | **Stufe 2** schmelzen. Haferkekse zufügen und alles **10 Sek.** | **Stufe 8** vermengen. Keksmasse in die Form geben, mit einem Löffel verteilen und festdrücken. Ein paar Erdbeerscheiben am Rand aufstellen und die Form 30 Min. in den Kühlschrank stellen. Dann den säubern.

3 | Für die Creme 150 g Waldmeistersirup mit Agar-Agar in den geben und **6 Min.** | **100 °C** | **Stufe 1** aufkochen. Restlichen Waldmeistersirup zufügen. Den Rühraufsatz in den einsetzen. **Stufe 3** einstellen und den Frischkäse löffelweise durch die Deckelöffnung zugeben. Quark und Zucker einwiegen, **20 Sek.** | **Stufe 3** verrühren. Den Rühraufsatz entnehmen und die Sahne mit dem unter die Waldmeistercreme heben.

4 | Waldmeistercreme in die Springform geben und mit dem gleichmäßig verteilen. Die Torte mind. 4 Std. kalt stellen, dabei ein Küchenhandtuch unter die Form legen. Die restlichen Erdbeeren nach Belieben auf der Torte verteilen, Torte vorsichtig aus der Form lösen, in 12 Stücke schneiden und servieren.

> **TIPP** Mit dem Rühraufsatz schlagt ihr Sahne in Windeseile zu Perfektion. Achtet dabei darauf, dass sowohl Sahne als auch schön kalt sind! Ihr erkennt am Geräusch, wann die Sahne luftig und locker geworden ist. Unterbrecht den Vorgang besser häufiger, wenn ihr nicht sicher seid, damit die Sahne nicht zu Butter wird. Und wichtig: Den Rühraufsatz immer nur bis maximal Stufe 4 verwenden, sonst kann er sich vom Mixmesser lösen!

„BAILEYS"-TORTE

00 30 std : min

LOW CARB LOW FAT

PRO STÜCK: 404 KCAL | 5 G E | 33 G F | 18 G KH
ZZGL. 3 STD. RUHEZEIT
ZUTATEN FÜR 12 STÜCKE

FÜR DEN BODEN

- **220 g Haferkekse (z.B. „Hobbits")**
- **80 g Butter, in Stücken**

FÜR DIE CREME UND ZUM GARNIEREN

- **400 g Sahne**
- **10 g selbst gemachter Vanillezucker (siehe Seite 11)**
- **300 g Mascarpone**
- **40 g Zucker**
- **1 Pck. Instant-Gelatine (15 g)**
- **250 g „Baileys"-Likör**
- **20 g Kakaopulver**
- **100 g Haselnusskerne**

1 Für den Boden die Kekse in den Mixtopf füllen, **6 Sek.** | **Stufe 7** zerkleinern und umfüllen. Die Butter in den Mixtopf geben und **2 Min.** | **60 °C** | **Stufe 2** schmelzen. Kekse zurück in den Mixtopf füllen und **15 Sek.** | **Stufe 3** mit der Butter vermengen.

2 Eine Springform (Ø 26 cm) mit Backpapier auslegen. Die Keksmasse auf den Boden geben, gleichmäßig mit einem Löffel glatt drücken und bis zur weiteren Verwendung kalt stellen. Den Mixtopf spülen.

3 Für die Creme den Rühraufsatz in den Mixtopf einsetzen, Sahne mit Vanillezucker hineingeben und unter Sichtkontakt auf **Stufe 3** steif schlagen. Anschließend in eine große Schüssel umfüllen und kalt stellen.

4 Mascarpone, Zucker und Gelatinepulver in den Mixtopf geben, **10 Sek.** | **Stufe 3** vermischen. Mit dem Spatel vermengen, den Vorgang wiederholen und währenddessen den Likör durch die Deckelöffnung hinzugießen. Die Creme mit dem Spatel unter die Sahne heben.

5 ¾ der Creme auf den Boden in die Springform füllen. Unter die restliche Creme den Kakao rühren und in Klecksen auf der Torte verteilen. Mit dem Spatel leicht einrühren, dann die Torte für mind. 3 Std. kalt stellen. Den Mixtopf spülen.

6 Haselnusskerne in den Mixtopf geben, **3 Sek.** | **Stufe 6** zerkleinern. Torte mit den gehackten Nüssen garnieren und bis zum Servieren kalt stellen.

> **VARIANTE** Anstelle der zerkleinerten Haselnusskerne könnt ihr auch nussiges Knuspermüsli oder andere crunchy Müslis mit Schokosplittern oder Nüssen auf die Torte streuen.

WAFFELN

Knusprig, fluffig und heiß müssen sie sein. Wie ihr den perfekten Waffelteig mixt, verraten wir euch hier

FORMENVIELFALT

Waffeln in Formen von Herzen sind hierzulande der Klassiker, doch gibt es viele weitere Waffelautomaten für ausgefallene Kreationen. Wie wäre es mit dicken belgischen Waffeln, in deren großen Vertiefungen reichlich Topping hält, oder Bubble-Waffeln (siehe Seite 160), die seit einiger Zeit trendy sind und prall gefüllt sowohl toll aussehen als auch köstlich schmecken! Ein echtes Highlight auf dem nächsten Kindergeburtstag sind auch Waffel-„Pommes“: Ihr könnt mit dem Spezialeisen süße und pikante Teige ausbacken und dazu bunte Cremes und Dips mit dem Thermomix® zubereiten. Wir haben für die „Pommes“ den Waffelpommes-Maker von Severin verwendet.

GUT VORBEREITET

Waffelteig könnt ihr vorbereiten und für einige Stunden im Kühlschrank lagern. Wenn die Gäste kommen, könnt ihr blitzschnell frische heiße Waffeln zubereiten. Wollt ihr die Waffeln schon ausbacken, lasst sie nebeneinander auf einem Rost auskühlen und stapelt sie erst dann. So werden sie nicht zu feucht und dadurch weich. Die kalten Waffeln könnt ihr kalt stellen und auch am nächsten Tag kurz auftoasten. Das funktioniert auch mit einzeln eingefrorenen Waffeln. Belgische Waffeln eignen sich zum Einfrieren am besten.

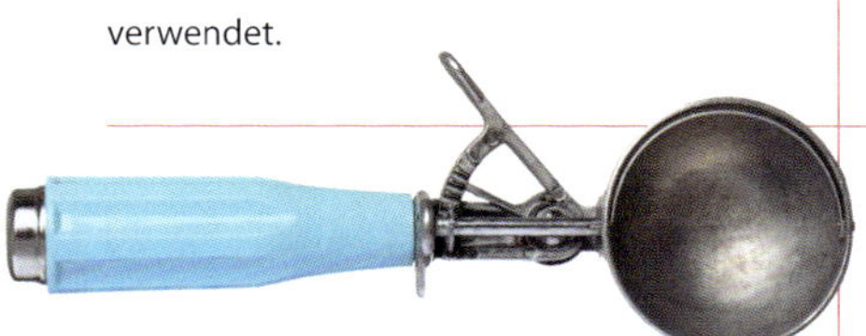

PORTIONIEREN

Mit einem Eisportionierer lässt sich selbst flüssiger Waffelteig sauber und sehr genau dosieren und kleckerfrei in das Eisen setzen. Probiert zunächst aus, ob bereits eine „Kelle“ genügt, und tastet euch mit etwas mehr Teig von Waffel zu Waffel an die ideale Menge für euer Eisen heran.

ZUCKERSTREUER

ZUCKER IN EIN SCHRAUBGLAS FÜLLEN, DEN DECKEL MEHRFACH MIT EINEM DOSENSTRECHER EINSTECHEN, GLAS ZUSCHRAUBEN.

BUNTER PUDERZUCKER

Variiert den Puderzucker für eure Waffeln! Im Thermomix® könnt ihr auch Zimt-Zucker oder Vanillezucker pulverisieren. Aber auch Nüsse, Karamellbonbons, Kokoschips, gefriergetrocknete Himbeeren oder auch Zucker mit Zitronenzesten könnt ihr zu Pulver verarbeiten, das auf Waffeln für ganz neue Aromen sorgt!

DER BESTE WAFFELTEIG

Für 8 bis 10 herrlich softe Herzwaffeln:
175 g weiche Butter, 150 g Zucker, 1 Prise Salz, 4 Eier, 200 g Mehl Type 405, 1 TL Backpulver und 100 g Milch oder Wasser in den Mixtopf geben und **1 Min. | Stufe 3** zu einem glatten Teig vermengen. Ein Waffeleisen vorheizen, ggf. fetten und den Waffelteig portionsweise darin ausbacken.

> TIPP Diesen Basis-Waffelteig könnt ihr nach Belieben variieren, beispielsweise die Art des Mehls ändern oder zu einem Teil anstelle des Mehls gemahlene Mandeln oder Haselnüsse verarbeiten. Ihr könnt Schokolinsen, Streusel, Beeren oder Obststücke unterheben und die Milch durch Mandel- oder Haferdrink ersetzen.

MINI-WAFFELN

Die einzelnen Herzen könnt ihr für ein Büfett auch mit Früchten auf Spieße stecken. Oder ihr backt den Teig in Teelöffel-Portionen zu vielen kleinen „Waffeldrops" aus, diese könnt ihr wie Popcorn oder Mutzen in Papiertüten oder Eisbechern mit Puderzucker bestäubt servieren.

DIE SCHMECKEN IMMER GUT

HEISS & YUMMY!

GLUTENFREI

Basis REZEPT

Für 8 belgische Waffeln
200 g Milch, 50 g weiche Butter, 80 g braunen Zucker, 10 g Vanillezucker, 3 Eier, je 100 g Reis- und Maismehl, 100 g Stärke, 2 TL Flohsamenschalenpulver, 2 TL Backpulver und 1 Prise Salz im Mixtopf **1 Min. | Stufe 8** verrühren. Teig 15 Min. ruhen lassen. Nach Belieben 50 g Hagelzucker unterheben. Portionsweise in einem vorgeheizten und gefetteten Waffeleisen ausbacken.

HEISSE KIRSCHEN

680 g Kirschen aus dem Glas mitsamt Saft und 20 g glatt gerührter Stärke erhitzen

8 MIN. | 90 °C | Linkslauf | STUFE 1

WAFFELKUCHEN

Kein Waffeleisen zur Hand? Aus eurem Waffelteig könnt ihr auch einen schnellen Kuchen mit Waffelgeschmack backen. Am besten verwendet ihr dafür eine flache Brownie-Backform. Diese mit Backpapier auslegen und zu zwei Dritteln mit dem soften Waffelteig befüllen. Bei 180 °C etwa 25 Minuten goldgelb backen. In Würfel schneiden und genau wie Waffeln noch warm zusammen mit Schlagsahne und heißen Kirschen genießen.

HEFEWAFFELN MIT MOHN-MARZIPAN-CREME

00 45 std : min

LOW CARB LOW FAT

PRO STÜCK: 467 KCAL | 10 G E | 25 G F | 51 G KH

ZZGL. 30 MIN. RUHEZEIT

ZUTATEN FÜR 10 STÜCK

FÜR DIE MASCARPONECREME
- **100 g Sahne**
- **100 g Mascarpone**
- **100 g Joghurt**
- **20 g Mohnsaat zzgl. etwas mehr zum Garnieren**
- **20 g Zucker**
- **50 g Marzipanrohmasse**

FÜR DEN WAFFELTEIG
- **150 g Butter, in Stücken, zzgl. etwas mehr zum Fetten**
- **150 g Milch**
- **40 g frische Hefe**
- **10 g selbst gemachter Vanillezucker** (siehe Seite 11)
- **350 g Mehl Type 405**
- **1 Prise Salz**
- **3 Eier**
- **150 g Perl- oder Hagelzucker**

AUSSERDEM
- **belgisches Waffeleisen**

1 | Für die Mascarponecreme die Sahne in den Mixtopf geben, ohne Zeiteinstellung **Stufe 3,5** unter Sichtkontakt steif schlagen und umfüllen. Mascarpone, Joghurt, Mohn, Zucker sowie Marzipan in den Mixtopf geben und alles **15 Sek.** | **Stufe 4-6-8** aufsteigend verrühren. Mit dem Spatel nach unten schieben, erneut **10 Sek.** | **Stufe 3** verrühren. Sahne mit dem Spatel unterheben, die Creme umfüllen und kalt stellen. Den Mixtopf reinigen.

2 | Für den Waffelteig die Butter in den Mixtopf geben und **4 Min.** | **50 °C** | **Stufe 2** schmelzen, umfüllen. Milch, Hefe sowie Vanillezucker in den Mixtopf geben und **2 Min.** | **37 °C** | **Stufe 2** erwärmen. Mehl, Salz, Eier sowie zerlassene Butter zufügen und alles **2 Min.** | **Stufe 3** zu einem glatten Teig vermengen und 30 Min. im Mixtopf gehen lassen.

3 | Danach den Hagelzucker zugeben und den Teig **1 Min.** | Teigstufe verkneten. Ein belgisches Waffeleisen vorheizen, fetten und den Teig portionsweise darin ausbacken. Waffeln mit der Mascarponecreme und etwas Mohn bestreut servieren.

>**PERLZUCKER** Echter belgischer Perlzucker, nicht zu verwechseln mit Hagelzucker, wird in der typischen „Lütticher Waffel", wie die belgische Waffel auch heißt, verwendet. Durch ihn bekommt die Waffel im Inneren einen leichten Crunch beim Hineinbeißen. Ihr bekommt ihn online. Alternativ könnt ihr ihn durch Hagelzucker ersetzen.

>**EXTRAKNUSPRIG** Noch knuspriger werden die Waffeln, wenn ihr die Milch 1 : 1 durch Wasser ersetzt.

EASY

WAFFELSCHNITTEN „HANUTA"-STYLE

00 40 std : min

PRO STÜCK: 363 KCAL | 7 G E | 24 G F | 33 G KH
ZUTATEN FÜR 20 STÜCK

FÜR DIE CREME
* **100 g Haselnusskerne**
* **400 g Zartbitterschokolade, in Stücken**
* **80 g Kakaopulver**
* **120 g Milch**
* **100 g Zucker**
* **60 g Rapsöl**

FÜR DEN WAFFELTEIG
* **200 g Haselnusskerne**
* **100 g Butter, in Stücken, zzgl. etwas mehr zum Einfetten**
* **100 g brauner Zucker**
* **3 Prisen Salz**
* **20 g Milch**
* **1 Ei**
* **200 g Mehl Type 405**
* **1 TL Backpulver**

AUSSERDEM
* **Hörnchenautomat**

1 | Für die Creme Haselnüsse in den geben und **3 Sek.** | **Stufe 5** zerkleinern und umfüllen. Für den Waffelteig die Haselnüsse in den geben, **10 Sek.** | **Stufe 10** mahlen und dann ebenfalls umfüllen.

2 | Schokolade im **10 Sek.** | **Stufe 5** zerkleinern. Den Kakao mit Milch zufügen, **15 Sek.** | **Stufe 4** verrühren und mit dem nach unten schieben. Zucker, Haselnüsse sowie Öl zugeben und **5 Min.** | **70 °C** | **Stufe 2** schmelzen. Umfüllen und beiseitestellen. Den reinigen.

3 | Für den Waffelteig Butter, Zucker, Salz, Milch sowie Ei in den geben und **30 Sek.** | **Stufe 3,5** vermengen. Mehl, gemahlene Haselnüsse und Backpulver zufügen, **1 Min.** | zu einem geschmeidigen Teig verkneten. Einen Hörnchenautomaten vorheizen und etwa walnussgroße Teigkugeln im Waffeleisen ausbacken. Abkühlen lassen, jeweils eine Waffel mit Nuss-Schoko-Creme bestreichen, mit einer zweiten zu einer Sandwich-Waffel stapeln und servieren.

>**EXTRAGENUSS** Die Ränder der Waffelsandwiches könnt ihr in zusätzlichen gehackten Nüssen, Streuseln oder anderen Toppings wenden.

>**VIELSEITIG** Mit einem Hörnchenautomaten könnt ihr neben diesen köstlichen Waffel-Sandwiches auch Eiswaffeln, Knuspergebäck, Keksröllchen wie auf Seite 170 oder auch Wraps – stets mit feinem Muster – herstellen!

RED-VELVET-BUBBLE-WAFFELN

00 40
std : min

PRO STÜCK: 370 KCAL | 11 G E | 16 G F | 46 G KH
ZUTATEN FÜR 8 WAFFELN

FÜR DEN WAFFELTEIG

* **55 g Butter, in Stücken, zzgl. etwas mehr zum Einfetten**
* **300 g Mehl Type 405**
* **30 g Zucker**
* **1 EL Kakaopulver**
* **12 g Backpulver**
* **1 TL selbst gemachter Vanillezucker (siehe Seite 11)**
* **500 g Buttermilch**
* **2 Eier**
* **½ TL Salz**
* **etwas rote Lebensmittelfarbe**

FÜR DAS FROSTING UND ZUM GARNIEREN

* **70 g Zucker**
* **200 g Frischkäse**
* **gemischte Beeren, nach Belieben**

AUSSERDEM

* **Bubble-Waffeleisen**

1 Für den Waffelteig die Butter in den geben und **2 Min.** | **60 °C** | **Stufe 2** schmelzen. Mehl, Zucker, Kakaopulver, Backpulver, Vanillezucker, Buttermilch, Eier, Salz sowie etwas rote Lebensmittelfarbe zufügen, alles **45 Sek.** | **Stufe 4** zu einem Teig verrühren.

2 Ein Bubble-Waffeleisen vorheizen und den Teig darin portionsweise ausbacken. Den reinigen.

3 Für das Frosting 70 g Zucker in den geben und **10 Sek.** | **Stufe 10** pulverisieren. Den Rühraufsatz in den einsetzen, Frischkäse zugeben und alles **30 Sek.** | **Stufe 3** vermengen. Die Red-Velvet-Waffeln mit Frosting und Beeren nach Belieben garnieren und servieren.

>EXOTISCH Die ursprünglich aus Hongkong stammenden Bubble Waffles sind voll im Trend. Kein Wunder! Die Fläche um die Bubbles ist dünn und schön knusprig, während die Bläschen superfluffig sind. Passende Waffeleisen findet ihr online. Die gebackenen Waffeln werden aufgerollt und gefüllt – schmecken aber natürlich auch pur. Die Bubbles könnt ihr ganz einfach mit euren Lieblingsfüllungen zubereiten. Habt ihr kein Bubble-Waffeleisen, könnt ihr auch klassische Herzchenwaffeln backen und wie hier gezeigt befüllen.

>RED VELVET?
Der Begriff ist Englisch und bedeutet „roter Samt". Die Bezeichnung passt hier perfekt, denn dieser Teig ist knallrot und das Ergebnis sind herrlich samtige Waffeln.

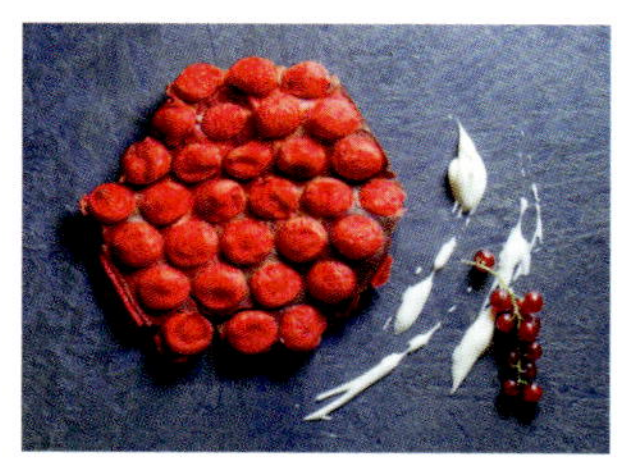

MOHNWAFFELN MIT ERDBEERSAHNE

00 50 std : min

PRO STÜCK: 570 KCAL | 11 G E | 38 G F | 46 G KH
ZUTATEN FÜR 8 STÜCK

FÜR DIE ERDBEERSAHNE
- 300 g Sahne
- 20 g Puderzucker zzgl. etwas mehr zum Bestäuben
- 400 g Erdbeeren
- Saft von ½ unbehandelten Zitrone
- 10 g selbst gemachter Vanillezucker (siehe Seite 11)
- 200 g Quark

FÜR DEN WAFFELTEIG
- 125 g Butter, in Stücken, zzgl. etwas mehr zum Einfetten
- 80 g Zucker
- 10 g selbst gemachter Vanillezucker (siehe Seite 11)
- 1 Prise Salz
- 3 Eier
- Abrieb von ½ unbehandelten Zitrone
- 250 g Mehl Type 405
- 1 TL Backpulver
- 50 g Mohnsaat
- 250 g Milch

AUSSERDEM
- Waffeleisen

1 | Für die Erdbeersahne den Rühraufsatz einsetzen. Sahne mit Puderzucker in den Mixtopf geben, unter Sichtkontakt auf **Stufe 3,5** steif schlagen und umfüllen. Die Hälfte der Erdbeeren vierteln. Die andere Hälfte in den Mixtopf geben, mit Zitronensaft und 10 g Vanillezucker **15 Sek.** | **Stufe 10** pürieren. Quark zugeben und **10 Sek.** | **Stufe 3** verrühren. Sahne mit dem Spatel unterheben und kalt stellen.

2 | Für den Teig Butter in den Mixtopf geben, **2 Min.** | **70 °C** | **Stufe 1** schmelzen. Zucker, Vanillezucker und Salz zufügen, **20 Sek.** | **Stufe 5** schaumig rühren. Eier mit Zitronenabrieb zugeben und **20 Sek.** | **Stufe 4** unterrühren. Mehl, Backpulver, Mohn und Milch einwiegen. Alles **20 Sek.** | **Stufe 4** glatt rühren. Mit dem Spatel nach unten schieben und weitere **20 Sek.** | **Stufe 3** vermengen. Den Teig umfüllen und den Mixtopf spülen.

3 | Waffeleisen vorheizen, ggf. mit etwas Butter fetten. Aus dem Teig portionsweise 8 goldbraune Waffeln backen. Mit geviertelten Erdbeeren und Erdbeersahne anrichten, mit Puderzucker bestäubt servieren.

>ERDBEEREN Vor dem Verzehr sollten Erdbeeren gewaschen werden. Die empfindlichen Früchte dafür vorsichtig in einer mit kaltem Wasser gefüllten Schale kurz schwimmend säubern und nicht unter einem Wasserstrahl abspülen. Lasst das Grün währenddessen noch an den Früchten, damit die Erdbeeren kein Wasser aufnehmen. Nach dem kurzen Bad legt ihr sie anschließend am besten direkt in ein Sieb oder in den Varoma® und lasst sie gut abtropfen. Dann verarbeiten.

HAFERFLOCKENWAFFELN MIT PFLAUMENKOMPOTT

01 | 10 std : min

LOW CARB LOW FAT

PRO STÜCK: 477 KCAL | 10 G E | 23 G F | 55 G KH
ZUTATEN FÜR 8 STÜCK

FÜR DAS PFLAUMENKOMPOTT
- **100 g Zucker**
- **300 g Rotwein**
- **500 g Pflaumen, geviertelt**
- **Mark von 1 Vanilleschote**
- **1 Zimtstange**
- **1 EL Stärke**
- **2 EL Wasser**

FÜR DEN WAFFELTEIG
- **185 g Weizenkörner**
- **80 g kernige Haferflocken**
- **2 TL Backpulver**
- **1 Prise Salz**
- **70 g Butter, in Stücken**
- **3 Eier**
- **350 g Buttermilch**
- **50 g Zucker**
- **etwas Öl zum Einfetten**

FÜR DIE ZIMTSAHNE
- **300 g Sahne**
- **20 g Zucker**
- **½ TL Zimtpulver**

AUSSERDEM
- **belgisches Waffeleisen**

1 Für das Kompott Zucker mit Rotwein im ⌴ **10 Min.** | **100 °C** | **Stufe 1** aufkochen. Pflaumen, Vanillemark und Zimtstange zufügen, ohne Messbecher **15 Min.** | **90 °C** | ⟲ | ⚲ köcheln lassen. Stärke mit Wasser anrühren, zum Pflaumenkompott in den ⌴ geben und **2 Min.** | **100 °C** | ⟲ | **Stufe 0,5** aufkochen lassen. Zimtstange entfernen, Kompott umfüllen und vollständig abkühlen lassen. Den ⌴ reinigen.

2 Für die Waffeln die Weizenkörner im ⌴ **1 Min.** | **Stufe 10** mahlen und in eine Schüssel umfüllen. Die Haferflocken im ⌴ **10 Sek.** | **Stufe 10** fein mahlen, ebenfalls in die Schüssel geben und mit Backpulver und Salz vermengen. Butter in den ⌴ geben, **2 Min.** | **50 °C** | **Stufe 2** schmelzen. Eier, Buttermilch und Zucker zufügen, **1 Min.** | **Stufe 3,5** schaumig rühren. Die Mehlmischung zugeben und alles **3 Min.** | **Stufe 3** verrühren.

3 Ein Waffeleisen erhitzen und ggf. mit etwas Öl einpinseln. Aus dem Teig portionsweise 8 Waffeln goldbraun und knusprig backen. Den ⌴ spülen.

4 Für die Zimtsahne den Rühraufsatz in den ⌴ einsetzen. Sahne mit Zucker und Zimt in den ⌴ geben, ohne Zeiteinstellung unter Sichtkontakt **Stufe 3** bis zur gewünschten Festigkeit steif schlagen. Waffeln mit dem Pflaumenkompott und der Zimtsahne anrichten und servieren.

>HAFERMEHL Viele von uns haben Haferflocken im Küchenschrank, verwenden sie aber nur im Müsli. Dabei sind sie die ideale Basis für Teige. Ihr könnt die Flocken im Thermomix® **15 Sek.** | **Stufe 10** rasch zu Mehl vermahlen und dieses 1 : 1 anstelle von Weizenmehl verwenden. Das Hafermehl lässt sich auch im Voraus zubereiten, so habt ihr es wie herkömmliches Mehl stets parat. Ihr könnt es für Pfannkuchen, Pancakes, Kuchen und anderes Gebäck verwenden und euren Teigwaren damit eine wunderbar kräftige Konsistenz verleihen. Bewahrt Hafermehl am besten luftdicht verschlossen auf, z. B. in einem Einmachglas.

>BELGISCH Groß, saftig und mit vielen Mulden für köstliche Füllung: Mit einem belgischen Waffeleisen gelingen euch leckere, luftige, rechteckige dicke Waffeln mit tiefem Muster.

APFEL-ZIMT-WAFFELN

00 45
std : min

PRO STÜCK: 414 KCAL | 7 G E | 22 G F | 45 G KH
ZUTATEN FÜR 8 STÜCK

- **50 g Haselnusskerne**
- **90 g Zucker**
- **1 Apfel, geschält, geviertelt**
- **10 g Zitronensaft**
- **125 g weiche Butter, in Stücken**
- **½ TL Zimtpulver**
- **1 Prise Salz**
- **2 Eier**
- **250 g Mehl Type 405**
- **1 TL Weinsteinbackpulver**
- **250 g Buttermilch**
- **etwas Öl zum Einfetten**
- **150 g Sahnejoghurt**
- **4 EL Ahornsirup**

AUSSERDEM
- **Waffeleisen**

1 | Nüsse in den geben, **5 Sek.** | **Stufe 6** zerkleinern und umfüllen. Zucker in den geben, **10 Sek.** | **Stufe 10** pulverisieren und ebenfalls umfüllen. Apfel und Zitronensaft in den geben, **3 Sek.** | **Stufe 4,5** zerkleinern und umfüllen.

2 | Den Rühraufsatz einsetzen. Butter, Puderzucker, Zimt sowie Salz in den geben und **2 Min.** | **Stufe 3** rühren. Dann ohne Messbecher **2 Min.** | **Stufe 3,5** rühren, dabei die Eier nach und nach auf das laufende Messer geben. Den Rühraufsatz anschließend entfernen.

3 | Mehl, Backpulver, Buttermilch, Apfelstücke und zerkleinerte Nüsse zufügen und mithilfe des **15 Sek.** | | **Stufe 4** unterrühren. Eventuelle Mehlreste mit dem vollständig unterrühren. Teig in eine Schüssel umfüllen.

4 | Ein Waffeleisen vorheizen und einfetten. Den Teig portionsweise in das Waffeleisen geben und 8 goldbraune Waffeln backen. Fertige Waffeln mit Joghurt und Ahornsirup servieren.

>**TIPP** Wenn ihr keinen Ahornsirup zur Hand habt, könnt ihr ihn durch flüssigen Honig, z. B. Akazienhonig, ersetzen.

>**VON HERZEN** Ganz traditionell und zuverlässig: Denken wir an Waffeln, denken wir meist an die typische Herzform. Mit einem Herzwaffeleisen zaubert ihr im Handumdrehen eine Waffel aus fünf kleinen Herzchen, denen niemand widerstehen kann.

EASY

GLUTENFREIE BUTTERMILCH-WAFFELN MIT KOMPOTT

00 | 40
std : min

LOW CARB · LOW FAT

PRO STÜCK: 366 KCAL | 7 G E | 23 G F | 32 G KH
ZUTATEN FÜR 10 STÜCK

FÜR DAS KOMPOTT UND ZUM GARNIEREN
- **300 g Pflaumen, halbiert**
- **50 g roter Traubensaft**
- **25 g Zucker**
- **2 TL selbst gemachter Vanillezucker (siehe Seite 11)**
- **2 Prisen Zimtpulver**
- **1 EL Mandellikör**
- **10 g Stärke**
- **20 g Wasser**
- **200 g Sahnejoghurt**
- **50 g Nussmischung**

FÜR DEN WAFFELTEIG
- **140 g getrocknete Maiskörner**
- **50 g Cashewkerne**
- **4 Eier**
- **50 g Zucker**
- **60 g Maisstärke**
- **2 TL glutenfreies Backpulver**
- **150 g weiche Butter, in Stücken, zzgl. etwas mehr zum Fetten**
- **200 g Buttermilch**

AUSSERDEM
- **Waffeleisen**

1 | Für das Kompott Pflaumen, Traubensaft, Zucker, Vanillezucker, Zimt und Mandellikör in den geben, **10 Min.** | **100 °C** | | **Stufe 2** aufkochen. Stärke mit Wasser anrühren und zufügen. Pflaumenkompott für weitere **5 Min.** | **100 °C** | | **Stufe 2** kochen. In eine Schüssel umfüllen und abkühlen lassen. Anschließend den reinigen.

2 | Für den Teig die Maiskörner in den geben, **1 Min.** | **Stufe 10** mahlen und umfüllen. Die Cashewkerne in den einwiegen, **10 Sek.** | **Stufe 10** mahlen und ebenfalls umfüllen.

3 | Den Rühraufsatz einsetzen. Eier sowie Zucker in den geben, **1 Min.** | **Stufe 3** aufschlagen. Den Rühraufsatz entfernen. Gemahlenen Mais, gemahlene Cashewkerne, Maisstärke, Backpulver, Butter sowie Buttermilch zufügen und **2 Min.** | **Stufe 3** vermengen.

4 | Ein Waffeleisen ggf. mit etwas Butter fetten, aus dem Teig portionsweise 10 Waffeln goldgelb ausbacken. Mit Pflaumenkompott, Sahnejoghurt und Nüssen garniert servieren.

>GLUTENFREI Wunderbar saftige Waffeln, die glutenfrei sind? Kein Problem! Gemahlene Cashewkerne und Maiskörner, verrührt mit Joghurt und Buttermilch, ergeben in diesem Rezept eine tolle Teigstruktur ganz ohne herkömmliches Mehl!

>BUTTERMILCH Dank ihr werden eure Waffeln garantiert richtig schön fluffig und erhalten das gewisse erfrischende Etwas. Und einen schönen Nebeneffekt gibt es gratis dazu: Buttermilch ist fettarm und enthält weniger Kalorien als Milch!

ESPRESSO-WAFFELRÖLLCHEN MIT WEISSER SCHOKOGLASUR

00 40 std : min

LOW CARB LOW FAT

PRO STÜCK: 164 KCAL | 3 G E | 10 G F | 15 G KH
ZUTATEN FÜR 20 STÜCK

- 100 g Zucker
- 125 g blanchierte Mandelkerne
- 220 g Mehl Type 405
- 10 g selbst gemachter Vanillezucker (siehe Seite 11)
- 1 Prise Salz
- 1 Ei
- 2 Eigelb
- 120 g Butter, in Stücken, zzgl. etwas mehr zum Einfetten
- 3 TL Instant-Espressopulver
- 20 g Rum
- 200 g weiße Schokolade, in Stücken

AUSSERDEM

- Hörnchenautomat

1 | Zucker in den geben und **10 Sek.** | **Stufe 10** pulverisieren, umfüllen. Die Mandeln in den geben und **20 Sek.** | **Stufe 8** mahlen. Mehl, Puderzucker, Vanillezucker, Salz, Ei, Eigelbe, Butter, Espressopulver sowie Rum zufügen und **2 Min.** | zu einem Teig verarbeiten.

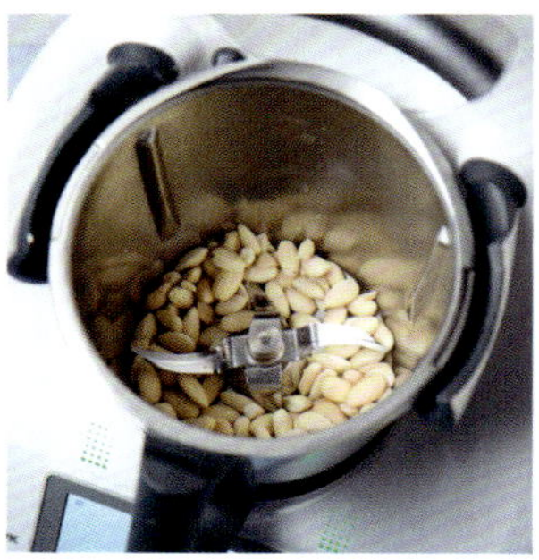

2 | Teig portionsweise in einem Hörchenautomaten zu Waffeln ausbacken und direkt nach dem Herausnehmen aufrollen. Dann den spülen und gut trocknen.

3 | Die Schokolade in den geben und **5 Sek.** | **Stufe 7** zerkleinern. Anschließend **3 Min.** | **40 °C** | **Stufe 1** schmelzen. Die Waffelröllchen zur Hälfte in die Schokolade tauchen oder mit dünnen Streifen verzieren, auf Backpapier fest werden lassen.

> **TIPP** Ein Hörnchenautomat lohnt sich auf jeden Fall – nicht nur für diese kleinen Knusperkekse. Auch für Eiswaffeln und Neujahrskuchen kommt das Eisen zum Einsatz. Sogar Tortillafladen und Wraps könnt ihr auf dem Hörnchenautomaten ausbacken. So kommt er in einigen Haushalten vielleicht sogar häufiger zum Einsatz als ein Herzwaffeleisen!

Basis REZEPT

MUFFINS & BROWNIES

Luftige Muffins, kreative Cupcakes mit tollen Toppings und saftige Brownies – so bereitet ihr sie im Mixtopf vor

FROSTING

200 g Zucker in den Mixtopf geben und **10 Sek. | Stufe 10** pulverisieren. 200 g weiche Butter in Stücken zugeben und **3 Min. | Stufe 4** schaumig schlagen. 400 g Frischkäse Doppelrahmstufe zufügen und **10 Sek. | Stufe 4** unterheben. Creme in einen Spritzbeutel geben und nach Belieben Cupcakes damit verzieren. Ihr könnt das Frosting sofort verwenden. Mit Lebensmittelfarben, etwas Zitronensaft oder Zesten oder auch etwas Kakaopulver könnt ihr dem Frosting andere Farben und Geschmäcker verleihen.

EINFRIEREN

Ihr habt nicht alle Muffins gleich weggenascht? Kein Problem! Ihr könnt Muffins für mehrere Monate einfrieren und problemlos wieder auftauen. Beachtet dabei, dass ihr die Muffins nicht mit den Papierförmchen einfriert. Verpackt sie stattdessen in gefriergeeigneten Dosen oder Beuteln. Zum Auftauen gebt ihr die Muffins auf einem Blech für ca. 15 Min. bei 150 °C in den Backofen. So werden sie warm und leicht knusprig!

FÖRMCHEN, SELBST GEMACHT

Ihr habt gerade keine Papierförmchen parat? Dann stellt euch selbst welche her! Das geht ganz einfach: Schneidet einen Bogen Backpapier in vier Quadrate, legt jedes Blatt über eine Mulde des Muffinblechs und drückt es mit einem Glas hinein, fertig! Als Faustregel zum Füllen gilt: Die Füllhöhe von etwa zwei Drittel der Vertiefung ist ideal, dann werden die Muffins hoch genug und sind oben schön rund. Besonders sauber lassen sich die Förmchen übrigens mit einem Eisportionierer befüllen!

FÜR DEN WOW-EFFEKT

So simpel und doch so genial: Verpasst euren Muffins eine Füllung! Dafür die Förmchen oder Mulden zunächst nur bis zur Hälfte mit Teig befüllen, dann einen Klecks eurer Füllung auf den Teig geben. Anschließend mit dem restlichen Teig abdecken. Gut funktioniert das mit Nuss-Nugat-Creme oder Marmelade, ein Stück Schokolade oder euren Lieblingspralinen. Für eine fruchtige Variante verwendet ein Stück Obst oder eine Beere. Hinweis: Obst wie Pflaumen, Erdbeeren und Äpfel geben mehr Flüssigkeit ab und können die Konsistenz verändern, verwendet dann ein klein wenig mehr Mehl.

SCHÖNES DEKOR

Natürlich machen Muffins und Brownies ohne jedes Dekor schon richtig viel her. Wer mehr möchte, greift zu den Klassikern der Veredlung: Puderzucker, Zuckerguss oder Schokoladenglasur. Schon hier könnt ihr kreativ werden.

Zuckerguss färbt ihr mit etwas Lebensmittelfarbe schön bunt. Ihr könnt ihn mit Wasser oder Saft anrühren für mehr Abwechslung. Mehr dazu auf Seite 11.

Schokoladenglasur mixt ihr mal aus heller, mal aus dunkler oder Vollmilchschokolade (Rezept siehe Seite 12). Ihr könnt Gebäck komplett überziehen oder die Glasur für einen anderen Effekt darüberträufeln. Ist sie noch flüssig, haften darauf Toppings aller Art und sorgen für den Wow-Charakter.

Mit Frosting (siehe linke Seite) verwandelt ihr Gebäcke zu gekrönten Meisterwerken. Darauf könnt ihr Toppings aller Art streuen. Ideen findet ihr unten auf dieser Seite.

TOLLER MIX AUS GEBÄCK, FROSTING & TOPPING

SAISONALE IDEEN

Zu besonderen Anlässen wie Halloween könnt ihr aus Marshmallows und Zuckerguss Gespensterbrownies backen. Dafür Marshmallows auf den flüssigen Guss setzen und mit Zuckerschrift Augen und Mund aufzeichnen.

TOLLE TOPPINGS

- GEHACKTE NÜSSE
- GRANOLA
- WEINGUMMI
- KARAMELLDROPS
- KOKOSFLOCKEN
- KROKANT
- MARSHMALLOWS
- SALZBREZELN
- SCHOKOLINSEN
- SCHOKOSPLITTER
- TROCKENFRÜCHTE
- ZUCKERSTREUSEL

DAS NATRON-GEHEIMNIS

Für alle Muffin- und Cupcake-Lover:
Am besten habt ihr immer ein Päckchen Natron im Haus. Denn Natron macht eure Muffins besonders locker und fluffig. Das Triebmittel funktioniert aber nur in Kombination mit sauren Zutaten wie Buttermilch. Alternativ reicht auch ein Spritzer Zitronensaft oder etwas saure Sahne. Wenn ihr eines davon an den Teig gebt, könnt ihr im Rezept 1 TL Backpulver durch ¾ TL Natron ersetzen.

CHOCOLATE-FUDGE-BROWNIES

00 35
std : min

PRO STÜCK: 286 KCAL | 4 G E | 16 G F | 32 G KH
ZUTATEN FÜR 24 STÜCK

- **100 g Walnusskerne**
- **350 g Zartbitterschokolade, in Stücken**
- **225 g Butter, in Stücken**
- **400 g Zucker**
- **15 g selbst gemachter Vanillezucker (siehe Seite 11)**
- **60 g Filterkaffee**
- **4 Eier**
- **200 g Mehl Type 405**
- **½ TL Salz**

1 Backofen auf 180 °C Ober-/Unterhitze vorheizen. Walnüsse in den Mixtopf geben, **2 Sek.** | **Stufe 6** zerkleinern und umfüllen. Schokolade im Mixtopf **4 Sek.** | **Stufe 6** zerkleinern, etwa ¼ davon umfüllen und beiseitestellen.

2 Butter, Zucker, Vanillezucker und Kaffee zufügen, **3 Min.** | **80 °C** | **Stufe 2** erhitzen. Dann **1 Min. 30 Sek.** | **Stufe 3** verrühren. Dabei die Eier nacheinander in den Mixtopf geben.

3 Mehl, Walnüsse, restliche Schokolade sowie Salz zugeben und **30 Sek.** | Teigstufe grob vermengen. Die Masse in eine gefettete Auflaufform (etwa 20 × 30 cm) füllen und im heißen Ofen für 25 Min. backen. Herausnehmen, abkühlen lassen und dann in Rechtecke schneiden.

> **VARIANTE** Ersetzt einen Teil des Zuckers doch einmal durch Muscovado-Zucker, der ist dunkler, etwas malzig im Geschmack und etwas feucht in der Konsistenz. Durch ihn werden eure Brownies noch saftiger und bleiben es auch länger.

EASY

„OREO"-BROWNIES

00:35 std : min

LOW CARB LOW FAT

PRO STÜCK: 228 KCAL | 3 G E | 16 G F | 19 G KH
ZUTATEN FÜR 12 STÜCK

- **etwas Butter zum Fetten**
- **150 g „Oreos"**
- **160 g Sonnenblumenöl**
- **110 g Zucker**
- **10 g selbst gemachter Vanillezucker (siehe Seite 11)**
- **3 Eier**
- **100 g Mehl Type 405**
- **40 g Kakaopulver**
- **¼ TL Salz**

1 | Backofen auf 180 °C Ober-/Unterhitze vorheizen. Eine Auflaufform (ca. 20 × 30 cm) mit etwas Butter einfetten. „Oreos" in den Mixtopf geben, **2 Sek.** | **Stufe 4** zerkleinern und umfüllen.

2 | Öl, Zucker und Vanillezucker in den Mixtopf geben, **3 Min.** | **Stufe 3** verrühren. Anschließend **1 Min. 30 Sek.** | **Stufe 3** weiterrühren und dabei die Eier nacheinander zufügen.

3 | Mehl, Kakao sowie Salz zugeben und **30 Sek.** | Linkslauf grob vermengen. „Oreos" mit dem Spatel unterheben, die Masse in die Auflaufform füllen und im Ofen 25 Min. backen. Herausnehmen, abkühlen lassen und in Stücke schneiden.

> **TIPP** Jeder Ofen backt etwas anders. Deshalb ist ein Drucktest zwischendurch ganz hilfreich. Einfach mit den Fingern auf die Oberfläche drücken. Bleibt der Teig nicht an euren Fingern kleben, sind die Brownies fertig. In der Regel gilt, dass Brownies lieber etwas zu kurz als zu lang im Ofen sind, denn sonst werden sie eventuell zu trocken. Zudem backt jeder Kuchen auch noch etwas nach, da die Temperatur im Inneren des Gebäcks erst nach und nach abnimmt.

MINI-CHOCOLATE-CHIP-MUFFINS

00 30
std : min

PRO STÜCK: 110 KCAL | 2 G E | 7 G F | 9 G KH
ZUTATEN FÜR 24 STÜCK

- 30 g Vollmilchschokolade, in Stücken
- 30 g Zartbitterschokolade, in Stücken
- 30 g weiße Schokolade, in Stücken
- 80 g Cashewkerne
- 2 Eier
- 90 g weiche Butter, in Stücken
- 80 g Zucker
- 80 g Mehl Type 405
- 40 g gemahlene Mandelkerne
- 1 TL Backpulver
- 1 Prise Salz
- 15 g Milch

AUSSERDEM
- 24er Mini-Muffin-Form
- 24 Papierförmchen für Mini-Muffins

1 | Die 24 Mulden einer Mini-Muffin-Form mit kleinen Papierförmchen auskleiden. Backofen auf 180 °C Ober-/Unterhitze vorheizen. Schokolade in den geben und **6 Sek.** | **Stufe 5** zerkleinern. Umfüllen. Cashewkerne in den geben und **4 Sek.** | **Stufe 5** zerkleinern. Kerne in eine Schüssel umfüllen.

2 | Eier, Butter, Zucker, Mehl, gemahlene Mandelkerne, Backpulver, Salz sowie Milch in den geben, **40 Sek.** | **Stufe 5** vermischen. Nun die zerkleinerte Schokolade und Cashewkerne zugeben und **20 Sek.** | | **Stufe 4** vermengen. Evtl. mit dem dabei umrühren.

3 | Teig in die vorbereiteten Muffinmulden füllen. Die Muffins im vorgeheizten Ofen etwa 15 Min. backen. Aus dem Ofen nehmen und 5 Min. in der Form auskühlen lassen. Anschließend herausnehmen, weiter auskühlen lassen und servieren.

>**HANDLICH** Die kleinen Leckerbissen verschwinden mit einem Happs im Mund. Ihr spart euch also Teller und Kuchengabeln und so eignet sich das Gebäck prima für das Büfett, den Fernsehabend auf der Couch oder zum Mitnehmen.

EASY

BLONDIES MIT SCHOKODROPS

00 40 std : min

LOW CARB LOW FAT

PRO STÜCK: 128 KCAL | 5 G E | 6 G F | 15 G KH
ZUTATEN FÜR 12 STÜCK

- **Kokosöl zum Fetten**
- **240 g Kichererbsen (Dose)**
- **1 reife Banane, in Stücken**
- **75 g Erdnussmus**
- **60 g Ahornsirup**
- **Mark von 1 Vanilleschote**
- **25 g Mandelmehl**
- **2 Prisen Salz**
- **½ TL Backpulver**
- **80 g Zartbitter-Schoko-Tropfen**

1 | Backofen auf 175 °C Ober/Unterhitze vorheizen. Eine Form (26 cm × 17 cm) mit Kokosöl einfetten.

2 | Kichererbsen abgießen, mit kaltem Wasser gründlich abspülen und abtropfen lassen. Mit den restlichen Zutaten, bis auf die Schoko-Tropfen, in den geben und für **40 Sek.** | **Stufe 5** zu einem glatten Teig verarbeiten.

3 | 60 g der Schoko-Tropfen zugeben und **10 Sek.** | | **Stufe 3,5** untermengen. Den Teig in die Form geben und glatt streichen. Die restlichen Schoko-Tropfen darauf verteilen.

4 | Blondies im heißen Ofen 25–30 Min. backen, herausnehmen und in der Form auf einem Kuchengitter abkühlen lassen. Anschließend in Würfel geschnitten servieren.

> **BLONDIES** Dieses Gebäck ist sozusagen ein heller Brownie. Es fehlt hier die Schokolade, diese wird durch Vanille ersetzt. Lediglich ein paar Schokotropfen werden, wenn überhaupt, bei einem Blondie unter den Teig gehoben.

> **GLUTENFREI** Unsere Blondies werden mit Kichererbsen und Banane zubereitet und sind daher nicht nur superlecker, sondern zudem auch glutenfrei.

MÜSLIMUFFINS MIT ZIMT

00 40 std : min

PRO STÜCK: 160 KCAL | 5 G E | 6 G F | 23 G KH
ZUTATEN FÜR 12 STÜCK

- ½ reife Banane
- 1 Ei
- 300 g Milch
- 250 g Apfelmark
- 30 g Honig
- 250 g zarte Haferflocken
- 20 g Leinsamen
- 2 TL Zimtpulver
- 1½ TL Backpulver
- 1 Prise Salz
- 50 g Kokosraspel

AUSSERDEM

- 12er Muffin-Form
- 12 Papierförmchen

1 | Backofen auf 150 °C Ober-/Unterhitze vorheizen. Ein Muffinblech mit Muffinförmchen auskleiden. Banane in den Mixtopf geben und **5 Sek.** | **Stufe 6** zerkleinern.

2 | Ei, Milch, Apfelmark und Honig zugeben, **10 Sek.** | **Stufe 5** vermengen. Restliche Zutaten, bis auf die Kokosraspel, zufügen und alles **30 Sek.** | **Stufe 4** zu einem geschmeidigen Teig verarbeiten.

3 | Teig bis oben hin in die Förmchen füllen und mit Kokosraspeln bestreuen. Die Müsli-Muffins im vorgeheizten Backofen 30–35 Min. backen. Herausnehmen und auf einem Kuchengitter vollständig auskühlen lassen.

> **TIPP** Diese Muffins eignen sich auch fürs Frühstück. Ihr könnt sie dafür am Vortag backen oder auch nach dem Backen einzeln einfrieren und morgens bei Bedarf kurz aufbacken. Da sie kaum Zucker enthalten, eignen sie sich auch gut für Kinder.

BLAUBEER-BAISER-MUFFINS

00 50
std : min

PRO STÜCK: 235 KCAL | 3 G E | 13 G F | 27 G KH
ZUTATEN FÜR 12 STÜCK

- 4 Eier
- 180 g Zucker
- 100 g weiche Butter, in Stücken zzgl. etwas mehr zum Fetten
- 1 TL Vanilleextrakt
- 150 g Mehl Type 405
- 50 g Stärke
- 15 g Backpulver
- 1 Prise Salz
- 100 g Milch
- 400 g Blaubeeren
- etwas Puderzucker zum Garnieren

1 | Den Backofen auf 180 °C Ober-/Unterhitze vorheizen. Die 12 Mulden eines Muffinblechs mit zugeschnittenem Backpapier auslegen. Die Eier trennen. Das Eiweiß **Stufe 3,5** ohne Zeiteinstellung unter Sichtkontakt schlagen, währenddessen 80 g Zucker einrieseln lassen. Den Eischnee umfüllen.

2 | Butter mit restlichem Zucker und Vanilleextrakt im **2 Min.** | **Stufe 3** schaumig schlagen. Anschließend Eigelbe, Mehl, Stärke, Backpulver, Salz und Milch **30 Sek.** | **Stufe 4** verrühren. 300 g Blaubeeren vorsichtig mit dem unterheben. Den Teig auf die Mulden verteilen und im vorgeheizten Ofen ca. 15 Min. backen.

3 | Den Eischnee auf den vorgebackenen Küchlein verteilen und weitere 15 Min. backen. Die Küchlein aus dem Ofen nehmen und in der Form auskühlen lassen. Dann vorsichtig herauslösen, mit Puderzucker bestäuben und mit den übrigen Blaubeeren garniert servieren.

>**VARIANTE** Anstelle von Blaubeeren könnt ihr auch jede andere Beerensorte verwenden oder aber eine bunte Mischung aus unterschiedlichen Beeren. Wer mag, gibt noch abgeriebene Schale von ½ unbehandelten Bio-Zitrone zur Baisermasse.

>**EIER TRENNEN** Zum Eiertrennen den Deckel des mit eingesetztem Messbecher aufsetzen und dann die aufgeschlagenen Eier daraufgeben. Das Eiweiß fließt nun in den , das Eigelb bleibt obenauf liegen.

PEANUT-BUTTER-CUPCAKES

01 00
std : min

LOW CARB LOW FAT

PRO STÜCK: 504 KCAL | 9 G E | 30 G F | 51 G KH
ZUTATEN FÜR 12 STÜCK

- **20 g gesalzene Erdnusskerne, zzgl. etwas mehr zum Bestreuen**
- **6 weiche Karamellbonbons**
- **250 g weiche Butter, in Stücken**
- **125 g Zucker**
- **2 Eier**
- **200 g Mehl**
- **½ Pck. Backpulver**
- **1 Prise Salz**
- **180 g Milch**
- **250 g Erdnussbutter**
- **220 g Puderzucker**

AUSSERDEM

- **12er Muffin-Form**
- **12 Papierförmchen für Muffins**

1 | Den Backofen auf 180 °C Ober-/Unterhitze vorheizen. Die 12 Mulden eines Muffinblechs mit Papierförmchen auslegen. Erdnusskerne **3 Sek.** | **Stufe 5** grob zerkleinern und umfüllen. Einige für die Garnitur beiseitestellen. Karamellbonbons halbieren.

2 | Butter und Zucker **2 Min.** | **Stufe 3** cremig schlagen. Eier zugeben, weitere **30 Sek.** | **Stufe 4** verrühren. Mehl, Backpulver, Salz, Erdnüsse und 150 g Milch zur Buttermasse geben und **1 Min.** | **Stufe 2** verrühren. Teig in vorbereitete Muffinförmchen geben. Je eine Hälfte der halbierten Karamellbonbons in die Mitte eines Cupcakes drücken und für ca. 20 Min. backen. Anschließend abkühlen lassen.

3 | Restliche Butter mit Erdnussbutter, restlicher Milch und Puderzucker **2 Min.** | **Stufe 3** cremig aufschlagen. Cupcakes aus den Mulden nehmen, das Frosting in einen Spritzbeutel füllen. Mit großer Sterntülle verzieren. Gehackte Erdnüsse auf das Frosting geben, servieren.

>**DER FEINE UNTERSCHIED** Ihr fragt euch, worin der Unterschied zwischen Muffins und Cupcakes liegt? Klar, Cupcakes haben eine tolle Verzierung als Topping, aber auch der Teig wird etwas anders hergestellt, denn im Cupcake-Teig kommt zum Beispiel keine Milch zum Einsatz. Übrigens, der Name Cupcake lässt sich davon ableiten, dass diese Mini-Küchlein anfangs in ihrer amerikanischen Heimat tatsächlich in Tassen gebacken wurden und in den USA auch Tassen – also Cups – als Maßeinheit beim Backen verwendet werden.

COOKIES & PLÄTZCHEN

Die tollen Teige für knusprige Kekse und softe Cookies sind im Thermomix® zu jeder Gelegenheit flink gemixt

FARBENFROH

Verwandelt eure Plätzchen und Kekse je nach Anlass in bunte Knusperkreationen wie diese genialen Wassermelonenkekse aus gefärbtem Mürbeteig. Zum Färben von Teigen eignen sich sowohl trockene als auch flüssige Lebensmittelfarben. Die flüssigen können die Konsistenz eures Gebäcks leicht verändern. Die trockenen sind meist nicht ganz so farbintensiv. Probiert aus, was euch gefällt und was die besten Ergebnisse erzielt. Wir haben für die bunten Melonenkekse einige Tropfen flüssiger Lebensmittelfarbe genommen. Verwendet ggf. Einweghandschuhe, damit ihr anschließend keine bunten Finger habt!

KEKSE LAGERN

Gebäcke aller Art mögen es am liebsten trocken und kühl. In Blechdosen und luftdicht verschließbaren Gläsern bleiben Plätzchen & Co. knusprig, frisch und lecker. Softe Cookies hingegen lassen sich auch in Kunststoffdosen aufbewahren.

> **TRICK** Für besondere Softness könnt ihr eine Scheibe Toastbrot in die Dose geben. Sie gibt Feuchtigkeit ab und hält die Cookies schön weich.

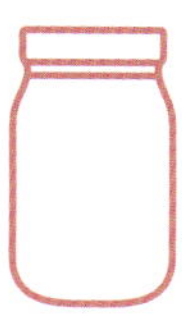

PERFEKT PORTIONIERT

Klebrigere Teige wie die für Cookies könnt ihr mithilfe eines Eisportionierers perfekt Formen. Mit nur einem Handgriff entnehmt ihr so nach und nach den Teig direkt aus dem Mixtopf und setzt immer gleich große Kugeln auf das Backblech. Der Vorteil: Alle Kekse backen in der gleichen Zeit gar, alle bekommen die gleiche Größe und eure Finger bleiben sauber. Es lohnt sich, für unterschiedliche Größen auch unterschiedliche Portionierer im Haus zu haben. So könnt ihr kleine und große Cookies backen.

EISSANDWICH

Kekse im Sommer? Aber klar! Speziell in der heißen Jahreszeit könnt ihr die Leckereien zur Abwechslung mit Eis servieren. Dafür die Cookies zunächst vollständig abkühlen lassen. Dann auf die Hälfte der Cookies mit dem Eisportionierer eine große Kugel eures Lieblingseis setzen, dann alle Cookies mit Eis mit der zweiten Hälfte der Cookies belegen und zu Sandwiches zusammendrücken, sodass das Eis bis an den Rand gedrückt wird. Dabei ggf. mit einem Messer etwas nachhelfen und glatt streichen. Die Eissandwiches einzeln in Backpapier einschlagen und für etwa 30 Minuten erneut einfrieren. Dann einzeln entnehmen und genießen.

„RAW“ NASCHEN

„Raw“ steht für roh. Und das Naschen roher Teige liegt im Trend. Aber wie geht's ohne Bauchweh? No-bake-Cookies machen es möglich! Sie sind fix und simpel gemacht, denn dafür wird kein Backofen gebraucht. Am besten bereitet ihr eure Kekse bereits einen Tag im Voraus zu. So stellt ihr sicher, dass sie auch schön fest werden und sich die Zutaten gut miteinander verbunden haben. Gebt die Masse danach auf ein mit Backpapier ausgelegtes Blech, streicht sie darauf glatt aus und schneidet z. B. Rauten oder Quadrate daraus, benutzt Förmchen oder rollt sie zu Kugeln. Die meisten No-bake-Kreationen sind nach der Herstellung mehrere Tage haltbar – vorausgesetzt, sie werden in einer Dose oder einem Glas verschlossen im Kühlschrank gelagert.

Verwenden

- Nüsse und knusprige Kekse, grob zerkleinert
- Frischkäse oder Sahne zum Verbinden
- Honig und Sirup als Süßungsmittel
- geschmolzene Schokolade, Gewürze fürs Aroma und Trockenfrüchte

Vermeiden

- rohe Eier
- Backpulver
- viele trocken-pulvrige Komponenten, zum Beispiel Mehl oder Zucker

DIE PRISE SALZ

Eine Prise Salz hebt die Süße Note in Gebäck hervor. Verwendet beim Backen am besten grobes Meersalz. Sein deutlich feineres Aroma und der leichte Crunch-Effekt machen den Unterschied gegenüber herkömmlichem Speisesalz. Es lohnt sich also, stets ein kleines Fässchen der Spezialität in der Backstube bereitzuhalten.

KLEINE FREUDEN

GEHEIMWAFFE

COOKIES SIND EINE TOLLE LECKEREI FÜR SPONTANEN BESUCH, DA SIE IM MIXTOPF SO SCHNELL VORBEREITET SIND. SIE PASSEN IM SOMMER AUCH ZU EISKAFFEE UND PICKNICK.

SCHÖN SOFT

Ihr mögt eure Kekse am liebsten mit einer soften, „chewy“ Konsistenz? Dann greift zu Muscovado-Zucker – dadurch, dass er mit Melasse angereichert ist, gibt er Feuchtigkeit ans Gebäck ab. Versucht zudem, trockene Zutaten nur kurz unter die flüssigen Zutaten zu rühren, bis gerade eben ein Teig zusammenkommt. Fürs Backen gilt: Cookies lieber zu kurz als zu lang backen, da sie auch nach dem Backen auf dem heißen Blech nachziehen. Darauf noch zwei Minuten ruhen lassen, dann auf ein Rost setzen und auskühlen lassen.

ESPRESSOTUPFEN

00 45
std : min

PRO STÜCK: 51 KCAL | 1 G E | 2 G F | 6 G KH
ZUTATEN FÜR 50 STÜCK

- 80 g blanchierte Mandelkerne
- 180 g weiche Butter, in Stücken
- 80 g brauner Zucker
- 10 g selbst gemachter Vanillezucker (siehe Seite 11)
- 1 Prise Salz
- 220 g Mehl Type 405
- 1 Ei
- 50 g Stärke
- 2 EL Instant-Espressopulver
- 30 g Kaffeelikör

1 | Die Mandelkerne im 12 Sek. | **Stufe 7** mahlen und umfüllen. Butter, Zucker, Vanillezucker sowie Salz in den geben und **1 Min.** | **Stufe 4** schaumig schlagen. Das Mehl, gemahlene Mandeln, Ei, Stärke, Espressopulver sowie Kaffeelikör zugeben und **30 Sek.** | **Stufe 4** verkneten. Dann den recht weichen Teig in einen Spritzbeutel mit Sterntülle füllen.

2 | Den Backofen auf 180 °C Ober-/Unterhitze vorheizen. Auf 2 mit Backpapier belegte Bleche Tupfen spritzen. Die Kekse nacheinander im heißen Ofen etwa 15 Min. backen. Aus dem Backofen nehmen und die Kekse auf einem Kuchengitter vollständig abkühlen lassen.

> **VARIANTE** Alternativ zum Kaffeelikör könnt ihr frisch aufgebrühten, abgekühlten Espresso verwenden.

NO-BAKE-SCHOKO-HAFERKEKSE

00 | 15 std : min

LOW CARB LOW FAT

PRO STÜCK: 100 KCAL | 3 G E | 5 G F | 11 G KH
ZZGL. 2 STD. RUHEZEIT
ZUTATEN FÜR 30 STÜCK

- **60 g Zartbitterschokolade, in Stücken**
- **150 g Nussbutter (z. B. Mandel- oder Erdnussbutter)**
- **60 g Honig**
- **50 g Kokosöl**
- **300 g feine Haferflocken**
- **2 EL Kakaopulver**
- **2 Prisen Meersalz**

1 | Die Schokolade in den Mixtopf geben, **3 Sek.** | **Stufe 6** zerkleinern und umfüllen.

2 | Nussbutter, Honig sowie Kokosöl in den Mixtopf geben und **3 Min.** | **40 °C** | **Stufe 3** schmelzen.

3 | Haferflocken, Kakaopulver sowie Meersalz zufügen und **10 Sek.** | **Stufe 3** | Linkslauf vermengen. Schokolade zugeben und erneut **5 Sek.** | **Stufe 3** | Linkslauf vermengen.

4 | Ein Blech mit Backpapier auslegen und mit 2 Teelöffeln oder einem Eisportionierer kleine runde Portionen auf das Blech setzen, diese mit dem Rücken eines Esslöffels vorsichtig flach drücken und etwa 2 Std. in den Kühlschrank geben. Anschließend in eine verschließbare Box geben und kühl lagern.

>**VARIANTE** Helle Haferkekse gelingen euch mit weißer Schokolade, die ihr in Schritt 1 verarbeitet. Zudem gebt ihr in Schritt 3 anstelle von 2 EL Kakaopulver entweder 2 EL Bananenmilch, 2 EL Zimtzucker oder 2 EL selbst gemachten Vanillezucker (siehe Seite 11) hinzu.

EASY

ZITRONEN-FRISCHKÄSE-COOKIES

00 | 25
std : min

LOW CARB LOW FAT

PRO STÜCK: 117 KCAL | 2 G E | 4 G F | 19 G KH
ZUTATEN FÜR 20 STÜCK

* **60 g weiche Butter, in Stücken**
* **60 g Frischkäse**
* **150 g Zucker**
* **1 Ei**
* **Abrieb von 2 unbehandelten Zitronen**
* **Saft von 1 Zitrone**
* **260 g Mehl Type 405**
* **2 TL Stärke**
* **½ TL Backpulver**
* **½ TL Salz**
* **Puderzucker zum Wälzen**

1 | Butter mit Frischkäse in den ⟨Mixtopf⟩ geben und **2 Min.** | **Stufe 3** schaumig aufschlagen. Mit dem ⟨Spatel⟩ nach unten schieben. Zucker zufügen und **1 Min.** | **Stufe 3** verrühren. Ei, Zitronenabrieb und -saft, Mehl, Stärke, Backpulver sowie Salz in den ⟨Mixtopf⟩ geben, alles **30 Sek.** | **Stufe 4** vermengen.

2 | Den Backofen auf 180 °C Ober-/Unterhitze vorheizen. Mit Teelöffeln den Teig portionieren und in Puderzucker wälzen. Auf ein mit Backpapier ausgelegtes Blech legen und im heißen Ofen 15–20 Min. backen. Die Kekse aus dem Ofen nehmen und auf einem Kuchengitter abkühlen lassen.

> **TIPP** Wenn die Kekse nicht sofort vernascht werden, bewahrt ihr sie am besten gut verschlossen in einer Frischhaltedose auf. So bleiben sie noch ein paar Tage schön soft.

EASY

AMERIKANER

00 40 std : min

LOW CARB LOW FAT

PRO STÜCK 294 KCAL | 4 G E | 11 G F | 42 G KH
ZUTATEN FÜR 12 STÜCK

- **100 g weiche Butter, in Stücken**
- **100 g Zucker**
- **1 TL selbst gemachter Vanillezucker (siehe Seite 11)**
- **1 Prise Salz**
- **270 g Mehl Type 405**
- **2 EL Karamellpuddingpulver**
- **3 TL Backpulver**
- **2 Eier**
- **70 g Milch**
- **100 g dunkle Kuchenglasur, in Stücken**
- **125 g Puderzucker**
- **3 EL Zitronensaft**

1 | Backofen auf 190 °C Ober-/Unterhitze vorheizen. 2 Bleche mit Backpapier belegen. Butter, Zucker, Vanillezucker, Salz, Mehl, Puddingpulver, Backpulver, Eier sowie Milch in den ◻ geben und **15 Sek.** | **Stufe 4** verrühren.

2 | Mit 2 Esslöffeln kleine Teighäufchen auf die vorbereiteten Bleche geben, dabei mindestens 5 cm Abstand lassen. Auf der mittleren Schiene des Ofens 15 Min. backen und auf einem Gitter abkühlen lassen. Den ◻ spülen.

3 | Kuchenglasur in den ◻ geben, **5 Sek.** | **Stufe 8** zerkleinern und mit dem ◻ nach unten schieben. Dann **5 Min.** | **50 °C** | **Stufe 1** schmelzen. In dieser Zeit Puderzucker mit Zitronensaft in einer Schüssel zu einer glatten Glasur verrühren.

4 | Die Hälfte der Amerikaner auf der flachen Seite mit Kuchenglasur, die andere Hälfte auf der flachen Seite mit Puderzuckerglasur überziehen, trocknen lassen und servieren.

> **MINI** Ob zum Karneval oder für den nächsten Kindergeburtstag: Ihr könnt auch niedliche Mini-Amerikaner backen. Dabei nur die Backzeit eventuell etwas verkürzen. Übrigens: Bunte Streusel sorgen auf der nächsten Kinderparty garantiert für Furore!

COOKIES VON DER ROLLE

00 25 std : min

PRO STÜCK: 279 KCAL | 3 G E | 14 G F | 35 G KH
ZUTATEN FÜR 25 STÜCK

- **100 g Vollmilchschokolade, gekühlt, in Stücken**
- **100 g weiße Schokolade, gekühlt, in Stücken**
- **100 g brauner Zucker**
- **70 g Zucker**
- **10 g selbst gemachter Vanillezucker (siehe Seite 11)**
- **130 g weiche Butter, in Stücken**
- **1 Ei**
- **180 g Mehl Type 405 zzgl. etwas mehr zum Bearbeiten**
- **2 TL Stärke**
- **1 TL Backpulver**
- **1 Prise Salz**

1 | Beide Schokoladensorten nacheinander in den Mixtopf geben, jeweils **4–5 Sek.** | **Stufe 5,5** grob zerkleinern und umfüllen.

2 | Beide Zuckersorten, Vanillezucker sowie Butter in den Mixtopf geben und **1 Min.** | **Stufe 4** cremig rühren. Das Ei zufügen und alles **30 Sek.** | **Stufe 4** verrühren. Die Masse mit dem Spatel vom Rand und Boden des Mixtopfs lösen. Mehl, Stärke, Backpulver, Salz zugeben und **20 Sek.** | **Stufe 4** verkneten. Die zerkleinerte Schokolade zufügen und **20 Sek.** | Linkslauf | **Stufe 3** unterkneten.

3 | Den Teig auf eine leicht bemehlte Arbeitsplatte geben, kurz durchkneten und zu einer Rolle formen. In Frischhaltefolie oder Backpapier wickeln und für 1 Std. ins Gefrierfach legen.

4 | Den Backofen auf 180 °C Ober-/Unterhitze vorheizen. Die Hälfte der Rolle in Scheiben schneiden und diese auf einem mit Backpapier belegten Blech verteilen. Übrige Rolle in den Kühlschrank legen. Kekse im heißen Ofen 8–10 Min. backen. Mit der zweiten Hälfte des Teigs ebenso verfahren.

>**TIPP** Bei diesem Klassiker lohnt sich der Griff zum grobem Meersalz. Die grobe Struktur bleibt teils erhalten und gibt sowohl einen milden Crunch-Effekt als auch die perfekte salzige Note zum süßen Cookie. Denn Geschmack von Meersalz deutlich angenehmer und aromatischer als der von Speisesalz.

EASY

NO-BAKE-ERDNUSSBUTTER-COOKIES

00 20
std : min

PRO STÜCK: 129 KCAL | 3 G E | 8 G F | 12 G KH
ZZGL. 4 STD. RUHEZEIT
ZUTATEN FÜR 30 STÜCK

- **200 g Butterkekse, in Stücken**
- **150 g Haferkekse (z.B. „Hobbits")**
- **100 g gesalzene Erdnüsse**
- **60 g Butter, in Stücken**
- **150 g Erdnussbutter**
- **100 g Medjoul-Datteln**
- **70 g Mandeldrink**
- **Mark von ½ Vanilleschote**

1 | Butterkekse mit Haferkeksen in den Mixtopf geben und **8 Sek.** | **Stufe 8** zerkleinern. Keksbrösel umfüllen. Erdnüsse in den Mixtopf geben, **4 Sek.** | **Stufe 5** zerkleinern, ebenfalls umfüllen.

2 | Butter mit Erdnussbutter in den Mixtopf geben und **3 Min.** | **40 °C** | **Stufe 2** schmelzen. Datteln und Mandeldrink zufügen und **8 Sek.** | **Stufe 8** pürieren.

3 | Keksbrösel, ein Drittel der Erdnüsse sowie Vanillemark zugeben und **10 Sek.** | **Stufe 4** vermengen. Mit dem Spatel nach unten schieben und Vorgang wiederholen.

4 | Den Teig auf die Arbeitsfläche setzen, mit den Händen durchkneten, halbieren und zu 2 Rollen formen. Die Teighälften jeweils auf Backpapier oder Frischhaltefolie geben, zu einer Stange rollen und die Enden eindrehen. Mind. 4 Std. oder über Nacht in den Kühlschrank legen.

5 | Nach dem Kühlen in Stücke schneiden und kühl aufbewahren. Ggf. vor dem Anschneiden bei Zimmertemperatur anwärmen lassen.

>TIPP Medjoul- oder Mejool-Datteln sind besonders groß und haben viel süßes, sehr weiches Fruchtfleisch, das Gebäck eine tolle Konsistenz und einen angenehm honigsüßen Geschmack verleiht.

>NO-BAKE-PLÄTZCHEN sind zwar fix gemacht, dennoch solltet ihr auf jeden Fall genug Zeit zum Kühlen einplanen. Am besten bereitet ihr eure Kekse bereits einen Tag im Voraus zu. So stellt ihr sicher, dass sie auch schön fest werden und sich alle Zutaten gut miteinander verbunden haben. Das Gleiche gilt übrigens auch für No-Bake- oder Kühlschranktorten (siehe ab Seite 132)!

OPINEL
INOX

„RAFFAELLO"-KUGELN

00 30 std : min

LOW CARB LOW FAT

PRO STÜCK: 159 KCAL | 1 G E | 11 G F | 15 G KH
ZZGL. 1 STD. RUHEZEIT
ZUTATEN FÜR 20 STÜCK

- **250 g Mehl Type 405 zzgl. etwas mehr zum Bearbeiten**
- **200 g Butter, in Stücken**
- **80 g Zucker**
- **10 g selbst gemachter Vanillezucker (siehe Seite 11)**
- **50 g Kokosraspel zzgl. etwas mehr zum Wälzen**
- **1 Prise Salz**
- **20 Mandelkerne**

1 | Alle Zutaten, bis auf die Mandelkerne, in den ◯ geben und **20 Sek.** | **Stufe 4** zu einem Teig verkneten. Auf eine leicht bemehlte Arbeitsplatte geben und mit den Händen kurz durchkneten. Zu einer Rolle formen und in Frischhaltefolie gewickelt 1 Std. kalt stellen.

2 | Ofen auf 180 °C Ober-/Unterhitze vorheizen. Die Teigrolle auswickeln und in 20 Scheiben schneiden. Auf jede Scheibe eine Mandel legen und die Scheiben zu einer Kugel formen.

3 | Die Kugeln in Kokosraspeln wälzen (ggf. mit angefeuchteten Händen) und auf ein mit Backpapier ausgelegtes Blech legen. Im heißen Ofen 10–12 Min. backen. Herausnehmen und vollständig abkühlen lassen.

> **TIPP** Die kleinen Plätzchen können sich auch im Sommer sehen lassen. Sie passen toll zu Eistee oder Milchshake.

EASY

BACKEN FÜR FESTTAGE

Für die besonderen Momente im Jahr haben wir Mix-Ideen, mit denen ihr für Begeisterung sorgt!

Der Thermomix® ist 365 Tage im Jahr für euch da. So unterstützt er euch natürlich auch in der Backstube bei der Vorbereitung besonderer Anlässe. Vor allem an Festtagen habt ihr viel um die Ohren. Da ist jede Hilfe Gold wert. Viele unserer Rezepte könnt ihr sehr gut vorbereiten und am Festtag entspannt fertigstellen, setzt den Küchenhelfer dabei so ein, dass er euch bestmöglich unterstützt!

ZU JEDEM ANLASS

Warum nur Kekse im Advent ausstechen? Auch zu Ostern, zum Muttertag, zur Hochzeit oder zum Geburtstag sorgen Themen-Kekse für Freude. Online findet ihr zu allen Anlässen passende Ausstechförmchen. Das beste Mürbeteigrezept und eine glänzende Zuckerglasur dafür findet ihr auf Seite 86 und 87.

MIT LIEBE VERPACKT

Eine hübsche Verpackung macht auch aus der einfachsten Leckerei ein zauberhaftes Geschenk. Schick und nachhaltig sind Papiertüten, wiederverwendbare Silikonbeutel oder Einmachgläser mit großer Öffnung zum leichten Befüllen und Entnehmen. Ihr könnt sie zudem kreativ verzieren.

NUMBERCAKE

Zu vielen Gelegenheiten passt ein Numbercake perfekt. Ihr könnt Ziffern, Initialen oder besondere Formen backen. Mit den Rezepten in diesem Buch könnt ihr so ganz einfach einen atemberaubenden Kuchen zaubern. Als Basis könnt ihr unseren Mürbeteig von Seite 87 verwenden. Als Deko eignen sich etwa die Macarons von Seite 238, Beeren, Baisers (siehe rechte Seite), essbare Blüten, Süßwaren wie Weingummi, Lakritz und Bonbons oder auch Salzgebäck.

BAISERS

Leicht, luftig und schön knusprig – mit eurem Thermomix® sind Baisers in Windeseile zubereitet. Sie eignen sich zum Naschen und als Dekor auf Torten und Numbercakes.

Für etwa 15 Stück Backofen auf 220 °C Umluft vorheizen und Bleche mit Backpapier belegen. Nach etwa 5 Min. den Ofen auf 120 °C herunterschalten. 200 g Zucker im **15 Sek. | Stufe 10** pulverisieren und umfüllen. 1 EL Puderzucker mit 10 g Stärke mischen und beiseitestellen. Rühraufsatz einsetzen, 4 Eiweiß mit 1 Prise Salz in den fettfreien geben. Eischnee **4 Min. | Stufe 4** schlagen, in der letzten Minute den Zucker langsam durch die Deckelöffnung einrieseln lassen. Zuletzt Zucker-Stärke-Mischung **4 Sek. | Stufe 4** unterheben. Die Eischneemasse in einen Spritzbeutel geben und Tupfen von ca. 6 cm Ø auf die Bleche spritzen. Baisers im heruntergeschalteten Ofen 2 Std. trocknen lassen. Anschließend aus dem Ofen nehmen, abkühlen lassen und mit einer Palette vom Blech nehmen.

> TIPP Gebt etwas Vanillezucker, Zimt-, Kakao- oder Erdbeerpulver zum Zucker und schon ändert ihr Farbe und Aroma!

EIER TRENNEN

Damit Baiser gelingt, müssen Eigelb und Eiweiß sauber voneinander getrennt sein. Nehmt dazu den -Deckel samt Messbecher zu Hilfe! Setzt beides auf eine Schale und gebt das aufgeschlagene Ei auf den Rand des Deckels. Das Eiweiß fließt in die Schale darunter, das Eigelb bleibt auf dem Deckelrand liegen. Dieses könnt ihr samt Deckel abheben, umfüllen und anderweitig verwenden.

QUALITÄT

JE BESSER DIE LEBENSMITTEL, DESTO BESSER DAS ERGEBNIS. VERWENDET HOCHWERTIGE PRODUKTE – DEN UNTERSCHIED SCHMECKT MAN!

STREUSEL

Ob Torten, Plätzchen oder Muffins: Verschönert eure Lieblingsleckereien zu festlichen Anlässen mit bunten Streuseln. Tolle Mischungen findet ihr im ZauberTopf-Shop unter www.zaubertopf-shop.de

RÜBLI-TORTE

01 15
std : min

LOW CARB LOW FAT

PRO STÜCK: 935 KCAL | 16 G E | 68 G F | 67 G KH

ZZGL. 2 STD. RUHEZEIT

ZUTATEN FÜR 12 STÜCKE

FÜR DEN TEIG

- **200 g Sonnenblumenöl zzgl. etwas mehr zum Fetten der Form**
- **100 g Mandelkerne**
- **350 g Karotten, in Stücken**
- **4 Eier**
- **200 g brauner Zucker**
- **1 TL selbst gemachter Vanillezucker (siehe Seite 11)**
- **1 Prise Salz**
- **250 g Mehl Type 405**
- **2 TL Backpulver**
- **1 TL Zimtpulver**
- **½ frisch geriebene Muskatnuss**

FÜR DIE GARNITUR

- **30 g Pistazienkerne**
- **150 g Marzipanrohmasse**
- **etwas orange und grüne Lebensmittelfarbe**

FÜR DAS FROSTING

- **240 g Zucker**
- **1 TL selbst gemachter Vanillezucker (siehe Seite 11)**
- **300 g weiche Butter, in Stücken**
- **750 g Frischkäse**

1 | Den Backofen auf 180 °C Ober-/Unterhitze vorheizen. Eine runde Springform (Ø 26 cm) mit Backpapier auslegen und den Rand fetten. Die Mandelkerne in den Mixtopf geben und **20 Sek.** | **Stufe 8** mahlen und umfüllen.

2 | Karotten im Mixtopf **15 Sek.** | **Stufe 7** zerkleinern, mit dem Spatel nach unten schieben. Die übrigen Zutaten für den Teig mit den gemahlenen Mandeln zugeben und **1 Min.** | **Stufe 3,5** vermengen.

3 | Teig in die Form einfüllen. Im Ofen etwa 45 Min. backen. Kuchen herausnehmen, kurz in der Form abkühlen lassen, dann herauslösen und etwa 2 Std. vollständig auskühlen lassen.

4 | Während der Kuchen backt, Pistazien für die Garnitur in den gespülten Mixtopf geben, **6 Sek.** | **Stufe 5** zerkleinern. Umfüllen und beiseitestellen. 100 g Marzipan mit orangefarbener Lebensmittelfarbe verkneten, 50 g Marzipan mit grüner Farbe einfärben. 12 Karotten mit Grün formen, auf einen Teller legen. Kalt stellen.

5 | Sobald der Kuchen vollständig abgekühlt ist, für das Frosting Zucker mit Vanillezucker in den Mixtopf geben und **1 Min.** | **Stufe 10** pulverisieren. Die Butter zufügen und **3 Min** | **Stufe 3** cremig rühren. Erneut **1 Min.** | **Stufe 2** einstellen und den Frischkäse löffelweise durch die Deckelöffnung zugeben.

6 | Den Kuchen längs halbieren und ⅓ der Creme auf der unteren Hälfte verteilen. Obere Hälfte daraufsetzen und die restliche Creme rundherum verstreichen. Den Rand mit den gehackten Pistazien garnieren und die Marzipankarotten auf dem Kuchen verteilen. Bis zum Servieren kalt stellen.

>**FROSTING** Ihr könnt das Frosting sofort verwenden. Wenn es euch zu weich ist oder noch etwas übrig ist, könnt ihr es einfach im Kühlschrank etwas aushärten lassen. Die Creme eignet sich auch zum Verzieren von Cupcakes.

OSTERLAMM

01 30
std : min

LOW CARB LOW FAT

PRO STÜCK: 567 KCAL | 31 G E | 10 G F | 61 G KH
ZUTATEN FÜR 6 STÜCK

- 125 g weiche Butter zzgl. etwas mehr zum Fetten der Förmchen
- 250 g Mehl zzgl. etwas mehr zum Bearbeiten
- 100 g Pekannusskerne
- 80 g getrocknete Cranberrys
- 100 g Zucker
- 2 Eier
- ½ Pck. Backpulver
- 1 Prise Salz
- 80 g Milch
- 2 EL Kakaopulver
- etwas Puderzucker zum Bestäuben

1 | Den Backofen auf 180 °C Ober-/Unterhitze vorheizen. 6 kleine Lammförmchen (ca. 12 cm Länge) gut mit Butter fetten und anschließend mit Mehl ausstäuben. Die Pekannusskerne in den Mixtopf geben **5 Sek.** | **Stufe 6** hacken. Umfüllen und mit den Cranberrys mischen.

2 | Butter mit Zucker in den Mixtopf geben und **2 Min.** | **Stufe 4** schaumig rühren. Dabei die Eier einzeln durch die Deckelöffnung geben. Mehl, Backpulver, Salz sowie 60 g Milch zufügen und alles **20 Sek.** | **Stufe 4** zu einem glatten Teig verrühren. Pekannuss-Cranberry-Mischung zugeben und **10 Sek.** | Linkslauf | **Stufe 4** unterrühren. Den Teig in 2 gleich große Portionen teilen. Unter eine Hälfte das Kakaopulver und die übrige Milch geben und **10 Sek.** | **Linkslauf** | **Stufe 4** vermengen.

3 | Teig in die vorbereiteten Förmchen geben, dabei die Förmchen nicht zu voll füllen. Im vorgeheizten Ofen bei 180 °C etwa 25 Min. backen. Herausnehmen und vollständig in der Form auskühlen lassen, dann vorsichtig stürzen. Nach Belieben mit Puderzucker bestäuben und servieren.

> **VARIANTE** Wenn ihr mögt, könnt ihr die Osterlämmer noch mit heller oder dunkler Schokoladenkuvertüre verzieren. Nüsse und Cranberrys könnt ihr natürlich auch weglassen, wenn ihr lieber klassische Lämmchen mögt.

DÄNISCHE BRUNE KAGER

00 35 std : min

PRO STÜCK: 63 KCAL | 1 G E | 4 G F | 5 G KH
ZZGL. 1 STD. RUHEZEIT
ZUTATEN FÜR 60 STÜCK

- **125 g Butter, in Stücken**
- **100 g brauner Zucker**
- **50 g dunkler Rübensirup**
- **1 Msp. Pottasche**
- **1 TL Wasser**
- **200 g Mehl Type 405 zzgl. etwas mehr zum Bearbeiten**
- **40 g gehackte Haselnusskerne**
- **1 Msp. Zimtpulver**
- **1 Msp. gemahlener Ingwer**
- **1 Msp. gemahlener Koriander**
- **1 Msp. gemahlener Sternanis**
- **200 g geschälte Haselnusskerne**

1 | Butter, Zucker sowie Rübensirup in den geben und **2 Min.** | **70 °C** | **Stufe 2** erhitzen. Die Pottasche in 1 TL Wasser auflösen. Mehl, gehackte Haselnüsse, die Gewürze sowie die aufgelöste Pottasche in den geben und alles **3 Min.** | verkneten.

2 | Den Teig auf eine leicht bemehlte Arbeitsfläche geben, zu einer Rolle von Ø 5–6 cm formen. In Frischhaltefolie gewickelt etwa 1 Std. im Kühlschrank ruhen lassen.

3 | Den Backofen auf 170 °C Ober-/Unterhitze vorheizen. Jetzt mit einem scharfen Messer dünne Scheiben von der Teigrolle abschneiden und diese auf mit Backpapier belegte Bleche legen. Auf jeden Keks eine ganze Haselnuss legen und leicht andrücken. Die braunen Kuchen blechweise etwa 8–10 Min. backen.

> **POTTASCHE** Das Backtriebmittel sorgt dafür, dass schwere Teige wie Lebkuchen oder wie dieser für die braunen Kekse, wie Brune Kager übersetzt heißen, hier aufgehen – allerdings nicht in die Höhe, sondern in die Breite.

CHRISTSTOLLEN

01 00
std : min

LOW CARB LOW FAT

PRO STÜCK: 431 KCAL | 8 G E | 23 G F | 47 G KH
ZZGL. 14 STD. RUHEZEIT
ZUTATEN FÜR 16 STÜCKE

- **100 g Mandelkerne**
- **80 g Orangeat**
- **80 g Zitronat**
- **180 g Rosinen**
- **4 EL Wasser**
- **60 g Arrak (alternativ Rum)**
- **200 g Milch**
- **60 g Zucker**
- **1 TL selbst gemachter Vanillezucker (siehe Seite 11)**
- **40 g frische Hefe**
- **500 g Mehl Type 405 zzgl. etwas mehr zum Bearbeiten**
- **1 Prise Salz**
- **1 Ei**
- **300 g weiche Butter, in Stücken**
- **Schale von 1 unbehandelten Zitrone**
- **1 Msp. Kardamompulver**
- **½ TL Pimentpulver**
- **½ TL Macispulver**
- **¼ TL Zimtpulver**
- **½ TL Ingwerpulver**
- **etwas Puderzucker zum Bestäuben**

1 | Mandelkerne in den geben, **3 Sek.** | **Stufe 7** zerkleinern und umfüllen. Orangeat mit Zitronat in den geben und ebenfalls **3 Sek.** | **Stufe 7** zerkleinern. Mit Rosinen, Wasser und Arrak zu den Mandeln in die Schüssel geben und über Nacht einweichen lassen.

2 | Am nächsten Tag Milch, Zucker, Vanillezucker sowie Hefe in den geben und **3 Min.** | **37 °C** | **Stufe 2** erwärmen. Mehl, Salz, Ei sowie 200 g Butter zufügen und **3 Min.** | zu einem Teig verarbeiten. Rosinenmischung, Zitronenschale sowie die Gewürze zugeben und mithilfe des **2 Min.** | weiterkneten. Teig umfüllen und abgedeckt an einem warmen Ort 45 Min. gehen lassen.

3 | Den Teig auf einer bemehlten Arbeitsfläche durchkneten und zu einem länglichen Laib formen. Diesen mit dem Nudelholz in der Mitte durch leichtes Hin-und-Herrollen etwas eindrücken, die eine Teighälfte über die andere schlagen, sodass diese nicht ganz überdeckt wird. Eine Mulde in den Teig formen und den Stollen so in die typische Form bringen. Auf ein mit Backpapier ausgelegtes Blech legen, herausstehende Rosinen in den Teig hineindrücken, damit sie nicht verbrennen. Teig 30 Min. gehen lassen. Den Backofen auf 210 °C Ober-/Unterhitze vorheizen.

4 | Stollen auf der 2. Schiene von unten etwa 10 Min. backen. Hitze auf 180 °C reduzieren und den Stollen 20–30 Min. backen. Den fertigen noch warmen Stollen mit der restlichen Butter rundherum mehrmals bestreichen und mit Puderzucker bestäuben. Den Stollen abkühlen lassen.

> TIPP Die klassische Stollenform könnt ihr per Hand herstellen wie in den Anleitungsbildern dargestellt. Alternativ nutzt ihr eine spezielle Stollen-Backform. Sie lohnt sich, wenn ihr häufiger Stollen backt.

> HINWEIS Der Stollen schmeckt richtig gut, wenn er einige Wochen durchgezogen ist. Den Stollen dafür noch heiß kräftig mit flüssiger Butter bestreichen und mit reichlich Puderzucker bestäuben. Die Schicht aus Fett und Zucker konserviert das Gebäck und hält die Feuchtigkeit im Inneren. Dann das Gebäck am besten kühl und dunkel sowie in mehrere Lagen Frischhaltefolie eingewickelt aufbewahren. Auch die Lagerung im Leinentuch oder in einer Blechdose ist empfehlenswert.

NORWEGISCHER KRANSEKAKE

01 00 std : min

LOW CARB LOW FAT

PRO PORTION À 50 G: 222 KCAL | 5 G E | 9 G F | 30 G KH
ZUTATEN FÜR 1 KUCHEN

* **800 g Zucker**
* **500 g Mandelkerne**
* **3 Eiweiß**
* **50 g Mehl Type 405 zzgl. etwas mehr zum Bearbeiten**
* **15 g Rapsöl**
* **½ TL Zitronensaft**

1 | Den Zucker etappenweise zu Puderzucker verarbeiten. Dazu zweimal 300 g und einmal 200 g Zucker in den geben, **30 Sek.** | **Stufe 10** pulverisieren und umfüllen. 250 g Mandeln in den geben, **15 Sek.** | **Stufe 7** mahlen und umfüllen, mit den übrigen 250 g Mandeln ebenso verfahren. Den spülen.

2 | 2 Eiweiß in den geben und **1 Min.** | **37 °C** | **Stufe 3** aufschlagen. Gemahlene Mandeln, 500 g Puderzucker, Mehl sowie Öl zufügen und **2 Min.** | verkneten. Ggf. mit dem nach unten schieben und den Vorgang wiederholen.

3 | Den Backofen auf 200 °C Ober-/Unterhitze vorheizen und 2 Bleche mit Backpapier belegen. Den Teig auf einer bemehlten Arbeitsfläche in 1–1,5 cm dicke, unterschiedlich lange Rollen formen, die kürzeste sollte dabei etwa 12 cm lang sein, jede weitere etwa 2 cm länger. Insgesamt werden rund 18 Teigrollen benötigt. Die Rollen zu Ringen formen und nacheinander in 12–15 Min. im Backofen goldgelb backen. Dann vollständig auskühlen lassen. Den spülen.

4 | Den Rühraufsatz einsetzen. Übriges Eiweiß in den geben und **1 Min.** | **37 °C** | **Stufe 3** schlagen. Rühraufsatz wieder entfernen. Restlichen Puderzucker mit dem Zitronensaft dazugeben und **2 Min.** | **Stufe 5** zu einem festen Zuckerguss verarbeiten.

5 | Nun den größten Teigring auf eine Tortenplatte setzen. Den Guss in einen Gefrierbeutel füllen und nur eine kleine Ecke abschneiden. In einem feinen Zickzackmuster den Tortenring verzieren, dann den nächstkleineren daraufsetzen. So fortfahren, bis alle Ringe verbraucht sind.

>KRANZKUCHEN Sei es zu Weihnachten, Geburtstagen, Taufen oder Hochzeiten: Der norwegische Kuchen wird gern zu feierlichen Anlässen gebacken und bunt dekoriert, etwa mit Norwegen-Fähnchen und Knallbonbons zum Nationalfeiertag oder wie hier schön weihnachtlich, sodass der Kuchen beinahe wie ein Tannenbaum aussieht. Von oben herab werden zum Verzehr die Ringe des Kuchens nach und nach abgenommen und in kleinere Stücke gebrochen.

STERNTORTE

01 00 std : min

LOW CARB LOW FAT

PRO STÜCK: 353 KCAL | 5 G E | 22 G F | 33 G KH
ZZGL. 4 STD. RUHEZEIT
ZUTATEN FÜR 12 STÜCKE

FÜR DEN BODEN

* **100 g Löffelbiskuits, in Stücken**
* **100 g Zartbitterschokolade, in Stücken**
* **40 g Butter**

FÜR DIE CREME

* **250 g Milch**
* **2 Zimtstangen**
* **3 Nelken**
* **6 Blatt weiße Gelatine**
* **150 g Puderzucker**
* **600 g Sahne**
* **2 Granatäpfel**
* **125 g Kirschsaft**
* **1 TL Stärke**
* **35 g Zimt-Zucker**

1 | Für den Boden Löffelbiskuits in den Mixtopf geben, **4 Sek.** | **Stufe 6** zerkleinern und umfüllen. Den Mixtopf spülen. Schokolade im Mixtopf **5 Sek.** | **Stufe 7** zerkleinern. Mit dem Spatel nach unten schieben.

2 | Butter zufügen und **5 Min.** | **50 °C** | **Stufe 2** schmelzen. Brösel zugeben, **10 Sek.** | **Stufe 3** mischen. Springform (Ø 24 cm) ohne Boden auf eine mit Backpapier ausgelegte Platte stellen. Die Schokomasse als Boden in die Form drücken und kühl stellen.

3 | Für die Creme Milch, Zimtstangen sowie Nelken in den Mixtopf geben und ohne Messbecher **15 Min.** | **100 °C** | Linkslauf | **Stufe 1** kochen. Dann die Gewürze entfernen.

4 | Gelatine in kaltem Wasser einweichen. 75 g Puderzucker mit 400 g Sahne zur Gewürzmilch in den Mixtopf geben und weitere **7 Min.** | **80 °C** | **Stufe 1** erhitzen. Gelatine ausdrücken, zufügen und **1 Min.** | **Stufe 3** auflösen. Die Gewürzsahne umfüllen und in den Kühlschrank stellen, bis sie zu gelieren beginnt. Den Mixtopf spülen.

5 | Die übrige Sahne in den Mixtopf geben und bei **Stufe 3,5** bis zur gewünschten Festigkeit steif schlagen, dabei Sichtkontakt halten. Anschließend mit dem Spatel unter die gelierende Gewürzsahne heben. Masse in die Form füllen. Mit Frischhaltefolie abgedeckt mind. 4 Std. (besser über Nacht) kalt stellen.

6 | Die Granatäpfel halbieren. 1 EL Kerne herauslösen, von den Häutchen befreien und beiseitestellen. Granatapfelsaft mithilfe einer Zitruspresse auspressen. Kirschsaft, 75 g Puderzucker und Stärke in den sauberen Mixtopf geben, **5 Sek.** | **Stufe 8** vermengen. Anschließend **7 Min.** | **100 °C** | **Stufe 3** kochen.

7 | Granatapfelsaft mit den -kernen zufügen und **30 Sek.** | Linkslauf | **Stufe 3** unterrühren. Anschließend die Soße umfüllen, abkühlen lassen und zugedeckt ebenfalls in den Kühlschrank stellen. Mit einem Messer am Rand der Springform entlangfahren und diesen vorsichtig entfernen.

8 | Torte mit einer Palette auf eine Platte setzen. Mit dem Zimt-Zucker einen Stern auf die Oberfläche streuen. Den restlichen Zimt-Zucker mit der Granatapfelsoße getrennt dazureichen.

>GRANATAPFELKERNE LÖSEN Um die Granatapfelkerne zu entfernen, halbiert ihr die Granatäpfel (unter fließendem Wasser spritzt es weniger) und klopft dann mit einem Kochlöffel sanft über eine Schüssel auf die Hälften.

WINTER-WONDERLAND-TORTE

04 00
std : min

PRO STÜCK: 1905 KCAL | 22 G E | 87 G F | 250 G KH

ZZGL. 6 STD. RUHEZEIT

ZUTATEN FÜR 12 STÜCKE

FÜR DEN TEIG

- 500 g weiche Butter, in Stücken
- 400 g Zucker
- 1 TL Vanilleextrakt
- 30 g selbst gemachter Vanillezucker (siehe Seite 11)
- 16 Eier
- 300 g Mehl Type 405
- 2 Pck. Vanillepuddingpulver
- 1 Pck. Backpulver
- 400 g Mandelkerne

FÜR DIE GANACHE

- 1200 g weiße Schokolade, in Stücken
- 400 g Sahne
- 1 TL Zimtpulver
- 1 Prise Salz
- 180 g gebrannte Mandeln

FÜR DIE DEKO

- 750 g brauner Fondant
- 500 g grüner Fondant
- silberne Zucker- oder Schokokugeln
- goldener Zuckerstern
- 250 g roter Fondant
- 100 g weißer Fondant
- 750 g Royal Icing
- 55 g Wasser
- essbare Sternchen
- essbares goldenes Glitzerpuder
- Puderzucker
- Spielzeugtiere (z.B. Elch, Reh)

AUSSERDEM

- Rindenform aus Silikon

FÜR DIE ANLEITUNG
BITTE UMBLÄTTERN!

1 Für den Boden den Backofen auf 180 °C Ober-/Unterhitze vorheizen. Eine Springform (Ø 23 cm) mit Backpapier auslegen. Den Rühraufsatz einsetzen. Die Hälfte der Teigzutaten in den geben und **30 Sek.** | **Stufe 3** vermengen, dann **15 Sek.** | **Stufe 4,5** verrühren. Den Teig in die vorbereitete Springform füllen und 50–60 Min. backen. Stäbchenprobe machen und Backzeit ggf. noch einige Min. verlängern. Den Vorgang mit der anderen Hälfte der Teigzutaten wiederholen. Die Böden auskühlen lassen und gleichmäßig in je 3 Teile schneiden, dabei die kuppelförmige Oberseite der Torte begradigen.

2 Für die Ganache die weiße Schokolade in den geben und **10 Sek.** | **Stufe 10** zerkleinern. Mit dem nach unten schieben. Sahne, Zimt, Salz zufügen und **12 Min.** | **70 °C** | **Stufe 1** schmelzen. Die Ganache umfüllen und an einem kühlen Ort einige Stunden abkühlen lassen.

3 Die erkaltete Ganache nun in 2 Hälften teilen. Die gebrannten Mandeln in den geben und **5 Sek.** | **Stufe 4,5** zerkleinern. Die eine Hälfte der Ganache mit einem Handrührgerät kurz aufschlagen. Sollte sie zu fest sein, einfach einen kleinen Teil in der Mikrowelle erwärmen, wieder zur restlichen Masse geben und erneut aufschlagen. Die Mandelstückchen unterrühren.

4 Die Tortenböden auf eine Tortenplatte stapeln. Dabei jeden Boden mit der Mandel-Ganache bestreichen und dann den nächsten Boden daraufsetzen. Wenn alle Böden gestapelt sind, die andere Hälfte der Ganache aufschlagen und die Torte damit rundum glatt einstreichen. Die Torte mind. 30 Min. kalt stellen, damit die Ganache richtig fest wird.

5 Für die Rinde den braunen Fondant ca. 5 mm dick ausrollen. Mit der Rindenform aus Silikon das Muster hineindrücken. Den Fondant auf die Höhe der Torte zuschneiden, auf die Ganache setzen und andrücken. Auf diese Art und Weise fortfahren, bis die gesamte Torte damit eingedeckt ist.

6 Für die Tannen den grünen Fondant weich kneten. Unterschiedlich große Kegel daraus formen. Rundum mit einer kleinen Schere einschneiden, sodass der Tannen-Look entsteht. Das größte Bäumchen mit silbernen Zuckerkugeln besetzen. Dafür die gewünschten Stellen leicht befeuchten und die Perlen fest andrücken. Auf die Spitze den goldenen Zuckerstern setzen.

7 | Für die Geschenke den roten und weißen Fondant weich kneten. Den roten Fondant ca. 3–4 cm dick ausrollen und Päckchen in den gewünschten Formen ausschneiden. Den weißen Fondant dünn ausrollen und dünne Streifen ausschneiden. Diese über Kreuz auf die Päckchen legen und andrücken (ggf. den Fondant an den Klebestellen mithilfe eines kleinen Pinsels leicht anfeuchten). Für die Schleife 2 kleine weiße Tropfen formen. Diese mit den Spitzen zueinander auf die Mitte des Päckchens setzen und vorsichtig andrücken. Kleine Schlitze eindrücken, um die Schleife noch plastischer wirken zu lassen. Zwischen die beiden Tropfen eine kleine weiße Fondantkugel setzen. Aus dem Rest des ausgerollten Fondants 2 Schleifenbänder zuschneiden, aus den Enden je ein Dreieck schneiden, sodass eine Wimpelform entsteht. Diese an die Schleife andrücken.

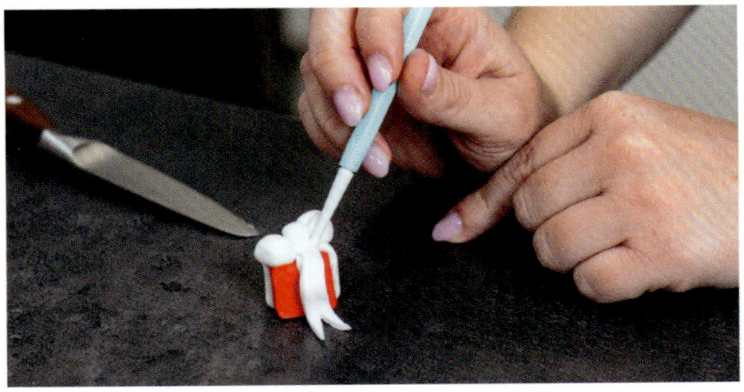

8 | Für den Schnee das Royal-Icing-Pulver mit Wasser in den Mixtopf geben und **3 Min. 30 Sek.** | **Stufe 3** zu einer glatten Creme verrühren. Anschließend die Oberfläche des Kuchens dick mit der Masse bestreichen. Um den unteren Rand der Torte ebenfalls Schnee streichen.

9 | Abschließend alle Elemente auf und um die Torte setzen. Mithilfe eines Holzspießes oder eines Spielzeug-Elchs Fußabdrücke in die Schneelandschaft drücken, die Deko-Tiere platzieren und alles nach Belieben mit essbarem Goldglitzer bestäuben. Für das letzte weihnachtliche Finish die essbaren Sternchen und den Puderzucker durch ein Sieb auf die winterliche Landschaft rieseln lassen.

BACKEN FÜR KINDER

Mit diesen Tricks und dem Thermomix® an eurer Seite bringt ihr Kinderaugen garantiert zum Leuchten

FÜR KLEINE BACKMEISTER

Der Thermomix® ist Erwachsenen vorbehalten. Wenn die Kleinen dennoch gern mithelfen, empfehlen wir für kleine Bäckermeister den Mini-Mix, den ihr bei Vorwerk für etwa 60 Euro bekommt. Aber auch ohne den Mini-Mix können Kinder in der Backstube natürlich tüchtig helfen.

Zutatenpäckchen öffnen, Schalen und Löffel bereitlegen, fertige Teige ausrollen und ausstechen, Küchlein und Kekse mit Glasur bestreichen und mit Dekor verzieren, Backpapier auf die Bleche legen oder Muffinförmchen in die Mulden setzen, Plätzchen in Dosen verstauen – alle Handgriffe, die ohne elektrische und heiße Küchengeräte oder scharfe Küchenhelfer auskommen.

> **EXTRA-TIPP** Vereinbart vor dem Backen mit euren Kindern bestimmte Regeln, an die sich alle halten.

HINWEIS
Lasst Kinder nie unbeaufsichtigt mit dem Thermomix® in der Küche

CAKE-POPS

Aus Teigresten einer Motivtorte oder aus einem schnellen Rührteigkuchen (siehe Seite 15) könnt ihr diese tollen Eistüten-Cake-Pops zaubern. So geht's: 400 g Kuchenbrösel mit etwa 140 g Frischkäse in den geben und **20 Sek. | Stufe 4** vermengen. Wenn sich der Teig noch nicht zu Kugeln formen lässt, ggf. etwas mehr Frischkäse zugeben.

Beim Verzieren der kleinen Kuchenbällchen sind eurer Fantasie keine Grenzen gesetzt! Wie wäre es zum Beispiel mit gruseligen Stielaugen, kleinen Fußbällen oder niedlichen Einhörnern? Noch mehr schöne Ideen für leckere Cake-Pops findet ihr unter www.zaubertopf-club.de

SCHOKOLADENLIEBE

Schokolade geht bei den Kids immer! Für Kuchen mit Glasur oder Cookies mit Schokosplittern helfen diese Handgriffe:

ZERKLEINERN

200 g Schokolade angefroren, in Stücken
4–5 Sek. | Stufe 6–7
200 g Kuvertüre, in Stücken
8 Sek. | Stufe 7

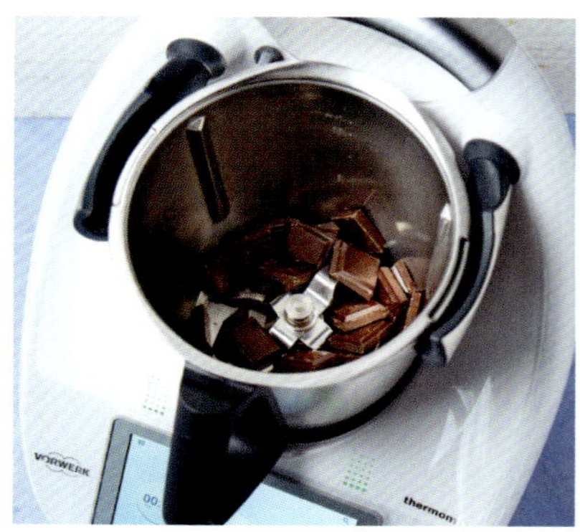

REGENBOGEN-COOKIES

Diese Cookies sind ein toller Hingucker. Die Kids können dabei helfen, die Schokolinsen auf dem Teig zu verteilen, bevor die Kekse in den Ofen kommen.

So geht's: Backofen auf 175 °C Ober-/Unterhitze vorheizen. 150 g Butter in Stücken, 100 g Zucker, 100 g braunen Zucker, 1 TL Vanillezucker und 2 Eier in den ⬚ geben, **2 Min. | Stufe 4** cremig aufschlagen. 250 g Mehl Type 405, 1 TL Backpulver, 1 TL Natron und 1 Prise Salz zugeben und **1 Min. | Stufe 3** vermengen. Zwei Bleche mit Backpapier belegen. Mithilfe von zwei Teelöffeln oder einem Eisportionierer kleine Kugeln formen, diese leicht flach drücken und mit ausreichend Abstand auf die Bleche legen – die Cookies gehen noch auf. Schokolinsen in die Oberfläche der Cookies drücken. Die Bleche nacheinander etwa 10–12 Min. backen.

> TIPP Die Cookies sind noch hell und etwas weich, aber genau so muss es sein. Aus dem Ofen nehmen, 2 Min. auf dem Blech ruhen lassen, dann auf ein Kuchenrost legen und vollständig abkühlen lassen.

GROSSER BACKSPASS

LIEBLINGSFARBE FÄRBT GEBÄCK, TORTENCREME ODER SCHLAGSAHNE IN DER LIEBLINGSFARBE EURER KIDS. DANN GIBT'S MAL ROSA WAFFELN, GRÜNE SCHLAGSAHNE ODER BLAU-WEISSEN MARMORKUCHEN.

GEBÄCK MITNEHMEN

Auf der langen Auto- oder Bahnfahrt tut eine kleine süße Pause allen gut. In diesem Buch findet ihr viele Gebäcke, die auch am Abend vor einer Reise noch schnell gemacht sind, aus Zutaten, die meist immer im Haus sind und die sich in Stücken oder direkt in der Form verpacken lassen. Gut geeignet sind die Cookies (siehe oben), der All-in-Teig-Kastenkuchen von Seite 15, die Müslimuffins auf Seite 182 oder die kleinen Brioches von Seite 40.

GESÜNDER NASCHEN

Eine tolle Alternative zu Haushaltszucker sind Honig, Agavendicksaft oder Ahornsirup. Sie enthalten Vitamine, Mineralien und Spurenelemente. Gleichzeitig punkten sie jeweils mit ihrem natürlichen Eigengeschmack! Ihr solltet dann die Flüssigkeitsmenge im Rezept aber um ein Fünftel reduzieren.

SÜSSE POMMES

00 | 30
std : min

PRO PORTION: 284 KCAL | 10 G E | 9 G F | 37 G KH
ZUTATEN FÜR 6 PERSONEN

* **10 Scheiben Buttertoast**
* **3 EL Zucker**
* **5 reife Aprikosen, halbiert**
* **250 g Erdbeeren, halbiert**
* **400 g Sahnequark**
* **30 g flüssiger Honig**

1 | Den Backofen auf 200 °C Ober-/Unterhitze vorheizen. Ein Blech mit Backpapier belegen.

2 | Die Buttertoast-Scheiben auf 2 Seiten entrinden und die Scheiben in je 5 Stifte schneiden, dabei sollte oben und unten Brotrinde sein. Brotstifte auf dem Blech verteilen, mit Zucker bestreuen und 12–15 Min. goldbraun backen. In dieser Zeit mit dem Rezept fortfahren.

3 | Aprikosen in den Mixtopf geben und **2 Sek.** | **Stufe 4,5** zerkleinern. Erdbeeren, Quark sowie Honig zugeben und **10 Sek.** | Linkslauf | **Stufe 3,5** verrühren. Die Brotstifte abkühlen lassen und mit dem Quark servieren.

>SO EASY Das Rezept ist wirklich supereinfach und macht dafür richtig was her. In Papiertütchen aus Geschenkpapier und mit dem Dip in Muffinförmchen gibt's damit auf jedem Geburtstag extra Partyflair.

EASY

„KINDER SCHOKOLADE"-TORTE

00 40 std : min

LOW CARB LOW FAT

PRO STÜCK: 410 KCAL | 10 G E | 24 G F | 37 G KH

ZZGL. 4 STD. RUHEZEIT

ZUTATEN FÜR 12 STÜCKE

FÜR DEN BISKUIT

- **4 Eier**
- **80 g Zucker**
- **1 TL selbst gemachter Vanillezucker (siehe Seite 11)**
- **120 g Mehl Type 405**
- **30 g Kakaopulver**

FÜR DIE CREME

- **200 g Frischkäse**
- **120 g Quark**
- **50 g Zucker**
- **2 „Kinder Buenos", in Stücken**

FÜR DIE DUNKLE GANACHE

- **200 g Vollmilchschokolade, in Stücken**
- **100 g Sahne**

FÜR DIE HELLE GANACHE & DIE DEKO

- **100 g weiße Schokolade, in Stücken**
- **40 g Sahne**
- **nach Belieben „Kinder Schokolade", „Schoko Bons" und „Kinder Buenos" zum Garnieren**

1 | Ofen auf 180 °C Ober-/Unterhitze vorheizen. Springform mit Backpapier auslegen. Rühraufsatz einsetzen. Für den Biskuit Eier, Zucker und Vanillezucker im 🥣 **6 Min.** | **37 °C** | **Stufe 4** aufschlagen, weitere **6 Min.** | **Stufe 4** ohne Messbecher schlagen.

2 | Mehl mit Kakao links und rechts neben den Rühraufsatz geben und **4 Sek.** | **Stufe 4** unterheben. Den Rühraufsatz entnehmen, evtl. restliche Mehlspitzen mit dem Spatel unterheben, Den Teig sofort in die Form geben und ca. 20 Min. backen. Dann aus dem Ofen nehmen und auskühlen lassen.

3 | Biskuitteig waagerecht zweimal durchschneiden. Zutaten für die Creme in den 🥣 geben, **10 Sek.** | **Stufe 5** vermengen. Ersten Boden damit bestreichen. Den zweiten daraufsetzen, mit dem Rest bestreichen und dann den dritten Boden darauflegen.

4 | Für die dunkle Ganache 200 g Schokolade in Stücken in den 🥣 geben und **10 Sek.** | **Stufe 8** zerkleinern. Mit dem Spatel nach unten schieben, 100 g Sahne zufügen und **2 Min.** | **50 °C** | **Stufe 3** schmelzen. Die Ganache auskühlen lassen, bis sie zähflüssig geworden ist (mind. 45 Min.). Dann den Kuchen damit rundherum einstreichen, eventuell in zwei Etappen. Den Kuchen kalt stellen und die Ganache mindestens 1 Std. aushärten lassen.

5 | Inzwischen die weiße Ganache zubereiten. Dafür 100 g weiße Schokolade in Stücken in den 🥣 geben und **5 Sek.** | **Stufe 8** zerkleinern. Mit dem Spatel nach unten schieben. 40 g Sahne zufügen und **2 Min.** | **50 °C** | **Stufe 3** schmelzen. Umfüllen und ebenfalls kühl stellen, bis sie dickflüssig ist (mind. 45 Min.).

6 | Nun die weiße Ganache oben auf den Kuchen geben und den Großteil der Ganache vorsichtig über den Rand laufen lassen. Je kälter der Kuchen, desto schneller wird die Ganache fest. Zum Schluss auf die noch nicht feste Ganache auf der Torte „Kinder Schokolade", „Schoko Bons" und „Kinder Buenos" geben und den letzten Rest der Ganache in feinen Streifen darüberziehen. Vor dem Anschneiden erneut mindestens 1 Std. auskühlen lassen.

> BACKPULVER Es ist nicht nötig, aber möglich, Backpulver für den Biskuit zu verwenden. Wichtig für das Gelingen des Biskuits ist, dass ihr die Form nicht einfettet. Sonst kann es passieren, dass er nicht aufgeht. Der Teig kann an einer zu glatten Form nicht „emporklettern". Falls ihr den Biskuit lieber mit Backpulver backen möchtet, nehmt 1 TL und gebt ihn zusammen mit dem Mehl zum Teig.

SCHOKO-KOKOS-BAUMSTAMM

01 20 std : min

LOW CARB LOW FAT

PRO STÜCK: 275 KCAL | 6 G E | 15 G F | 27 G KH
ZZGL. 30 MIN. RUHEZEIT
ZUTATEN FÜR 14 STÜCKE

- 80 g weiche Butter, in Stücken, zzgl. etwas mehr zum Fetten
- 150 g Kokoszwieback, halbiert
- 100 g Zucker
- 2 TL selbst gemachter Vanillezucker (siehe Seite 11)
- Saft und 2 Streifen Schale von 1 unbehandelten Orange
- 1 Prise Salz
- 3 Eier
- 80 g Mehl Type 405
- 250 g Frischkäse
- 250 g Schokoladenfrischkäse

1 | Backofen auf 180 °C Ober-/Unterhitze vorheizen. Eine Springform (Ø 26 cm) einfetten.

2 | Zwieback mit Butter in den ◯ geben und **15 Sek.** | **Stufe 6** zerkleinern, in die vorbereitete Springform geben, fest an den Boden drücken, 8 Min. vorbacken und auf einem Kuchengitter abkühlen lassen. Den ◯ spülen.

3 | Zucker, Vanillezucker, Orangenschale sowie Salz in den ◯ geben und **10 Sek.** | **Stufe 10** pulverisieren. Die Eier, 4 EL Orangensaft sowie das Mehl zufügen und **5 Sek.** | **Stufe 5** verrühren. Die Hälfte der Mischung in eine Schüssel umfüllen.

4 | Den Rühraufsatz einsetzen. Frischkäse in den ◯ zugeben und **5 Sek.** | **Stufe 3,5** einrühren. Den Rühraufsatz entfernen und die helle Mischung umfüllen.

5 | Den Rühraufsatz einsetzen. Die zweite Hälfte der Mischung sowie den Schokoladenfrischkäse in den ◯ geben. **5 Sek.** | **Stufe 3,5** rühren. Den Rühraufsatz entfernen.

6 | 2/3 der hellen Mischung mittig auf den Bröselboden geben. 2/3 der Schokoladenmischung mittig daraufgeben und die übrige Mischungen abwechselnd in kleinen Portionen jeweils mittig in die Form geben. Kuchen auf der untersten Schiene 30 Min. backen und im ausgeschalteten Ofen mit leicht geöffneter Tür 30 Min. abkühlen lassen. Kuchen auf einem Kuchengitter vollständig auskühlen lassen, mit einem Messer aus der Form lösen, auf eine Platte geben und servieren.

>**TIPP** Zum Aufbringen der beiden Käsekuchenmassen eignen sich Suppenkellen. Gebt jeweils eine Kelle der hellen Masse in die Mitte und darauf eine Kelle der dunklen Masse. So gelingt das schöne Muster sehr gut.

MILCHSCHNITTEN

00 30
std : min

LOW CARB LOW FAT

PRO STÜCK: 170 KCAL | 7 G E | 8 G F | 18 G KH
ZZGL. 5 STD. RUHEZEIT
ZUTATEN FÜR 16 STÜCK

FÜR DEN TEIG
- **6 Eier**
- **100 g Zucker**
- **100 g Mehl Type 405**
- **1 TL Backpulver**
- **3 EL Kakaopulver**
- **2 EL Butter, flüssig**
- **1 Prise Salz**

FÜR DIE CREME
- **200 g Sahne**
- **2 EL selbst gemachter Vanillezucker (siehe Seite 11)**
- **200 g Quark**
- **100 g Sahnejoghurt**
- **50 g Zucker**
- **15 g Instant-Gelatine**

1 | Den Backofen auf 175 °C Ober-/Unterhitze vorheizen. Eine Form (ca. 30 cm × 20 cm) mit Backpapier auslegen.

2 | Für den Teig den Rühraufsatz einsetzen. Eier mit Zucker in den geben und **1 Min.** | **Stufe 4** schaumig schlagen. Mehl, Backpulver, Kakaopulver, Butter sowie Salz zufügen und weitere **20 Sek.** | **Stufe 4** unterheben.

3 | Den Teig auf das Backblech geben, glatt streichen und im Ofen ca. 25 Min. backen. Herausnehmen, kurz abkühlen lassen und den Boden auf einem Kuchengitter auskühlen lassen. Den und den Rühraufsatz spülen.

4 | Für die Creme den Rühraufsatz einsetzen. Die Sahne mit Vanillezucker **Stufe 3,5** ohne Zeiteinstellung unter Sichtkontakt steif schlagen und umfüllen. Quark, Joghurt sowie Zucker einwiegen, **2 Min.** | glatt rühren und dabei das Gelatinepulver durch die Deckelöffnung rieseln lassen. Anschließend die Sahne mit dem unterheben.

5 | Den Kuchenboden waagerecht halbieren, eine Hälfte auf eine Platte legen und mit einem rechteckigen Tortenrahmen umschließen. Die Sahnecreme daraufgeben, gleichmäßig verteilen und glatt streichen.

6 | Den zweiten Boden auflegen und leicht andrücken. Für ca. 4 Std. kühl stellen. Anschließend in ca. 16 rechteckige schmale Schnitten teilen und servieren.

> **VARIANTE** Ihr könnt die Creme nach Belieben mit Früchten eurer Wahl aufpeppen. Rührt dafür etwa Himbeeren oder Erdbeerstücke kurz vor dem Bestreichen vorsichtig unter die Masse.

EASY
Milk
Coffee

HIMBEER-BUTTERKEKS-KUCHEN

01 | 00
std : min

PRO STÜCK: 271 KCAL | 4 G E | 17 G F | 26 G KH

ZZGL. 2 STD. RUHEZEIT

ZUTATEN FÜR 25 STÜCKE

FÜR DEN TEIG

- **250 g weiche Butter, in Stücken**
- **180 g Zucker**
- **40 g Milch**
- **4 Eier**
- **300 g Mehl Type 405**
- **2 TL Backpulver**
- **1 Prise Salz**

FÜR DEN BELAG

- **400 g Wasser**
- **2 Pck. Vanillepuddingpulver**
- **2 EL Zucker**
- **750 g Himbeeren (TK)**
- **600 g Sahne**
- **3 Pck. Sahnesteif**
- **20 g selbst gemachter Vanillezucker (siehe Seite 11)**
- **etwa 25 Butterkekse**

1 | Den Backofen auf 180 °C Ober-/Unterhitze vorheizen. Ein tiefes Blech mit Backpapier auslegen. 250 g Butter mit 180 g Zucker in den geben, **3 Min.** | **Stufe 3,5** cremig schlagen. Die Milch mit den Eiern zufügen und alles **1 Min.** | **Stufe 4** miteinander verrühren.

2 | Mehl, Backpulver sowie Salz vermischen und in den geben. Den Teig **1 Min.** | **Stufe 4** verrühren, anschließend auf das Blech geben, gut darauf verstreichen und im Ofen etwa 20 Min. backen. Herausnehmen und ca. 2 Std. vollständig abkühlen lassen. Den spülen.

3 | 150 g Wasser, Vanillepuddingpulver sowie Zucker verrühren. 250 g Wasser in geben und **4 Min.** | **100 °C** | **Stufe 2** aufkochen lassen.

4 | Weitere **2 Min.** | **100 °C** | **Stufe 2** einstellen. Vanille-Mischung durch die Deckelöffnung zugießen, dann die Beeren zufügen. Mit dem erneut gut umrühren. Beeren-Pudding-Masse auf den ausgekühlten Teig geben und glatt streichen. Den spülen.

5 | Rühraufsatz in den einsetzen. Die Sahne mit Sahnesteif und Vanillezucker unter Sichtkontakt auf **Stufe 3** steif schlagen. Die Sahne auf der Beeren-Pudding-Masse verteilen und ebenfalls glatt streichen. Dann mit Butterkeksen belegen. Den Kuchen bis zum Servieren kalt stellen.

>**BACKLAUNE** Eure Kids helfen gern beim Backen? Bei diesem Butterkekskuchen können sie prima mitmachen, sobald alle Bestandteile wie Boden und Toppings fertig und in Schalen umgefüllt sind. Lasst sie etwa den fertigen Pudding, die Sahne und die Kekse auf dem Boden verteilen! Achtet darauf, dass die Kinder nie selbst mit dem Thermomix® arbeiten.

BUTTERKEKS

KUCHEN-KÜRBIS

01 30
std : min

PRO STÜCK: 419 KCAL | 6 G E | 20 G F | 55 G KH
ZUTATEN FÜR 16 STÜCKE

- **etwas Butter zum Fetten der Formen**
- **50 g Zartbitterschokolade**
- **500 g Hokkaidokürbis, in Stücken**
- **500 g Wasser**
- **4 Eier**
- **250 g Rapsöl**
- **250 g Zucker**
- **1 TL Pimentpulver**
- **1 TL Zimtpulver**
- **1 Prise Salz**
- **500 g Mehl Type 405**
- **1 Pck. Backpulver**
- **½ TL Natron**
- **125 g Puderzucker**
- **3 EL Orangensaft**
- **etwas orange und grüne Lebensmittelfarbe**
- **100 g Marzipanrohmasse**

1 | Zwei Gugelhupfformen (Ø 24 cm) mit Butter fetten. Den Ofen auf 180 °C Ober-/Unterhitze vorheizen. Die Schokolade im **5 Sek.** | **Stufe 5** zerkleinern und umfüllen. Den reinigen.

2 | Den Kürbis mit Wasser im **15 Min.** | **100 °C** | **Stufe 2** köcheln. Das Wasser anschließend abgießen, den Kürbis **10 Sek.** | **Stufe 6** pürieren. Eier, Rapsöl, Zucker, Gewürze sowie Salz zugeben und **15 Sek.** | **Stufe 3** vermengen. Mehl, Backpulver, Natron sowie zerkleinerte Schokolade zufügen und **20 Sek.** | **Stufe 2,5** unterheben. Ggf. mit dem verrühren.

3 | Den Teig auf die beiden Gugelhupf-Formen aufteilen und diese für etwa 40 Min. im Ofen backen. In der Zwischenzeit die Glasur zubereiten. Dafür den reinigen. Dann Puderzucker, Orangensaft und ein paar Tropfen der orangefarbenen Lebensmittelfarbe gut verrühren.

4 | Die Kuchen nach Ende der Backzeit gut auskühlen lassen. Die Böden mit einem Messer begradigen. Einen Kuchen auf den Kopf stellen und mit etwas Guss bestreichen den anderen Kuchen daraufsetzen. Den abgeschnittenen Rand zerbröseln und in das Loch füllen. Den restlichen Guss über den Kuchen laufen lassen. Marzipan mit grüner Lebensmittelfarbe einfärben, daraus einen Kürbisstiel formen und diesen auf das Loch setzen. Dann den Kuchen servieren.

>TIPP Wenn ihr nur eine Backform habt, backt die einzelnen Kuchen nacheinander. Den rohen Teig für den zweiten Kuchen während der ersten Backzeit im Kühlschrank lagern.

>LEBENSMITTELFARBE Ihr bekommt sie flüssig und als Pulver. Die flüssige Farbe verteilt sich besser in den Lebensmitteln, das Pulver muss sich erst lösen. Dafür ändert dieses nichts an der Konsistenz. Denn je nach Menge der Farbe kann die flüssige beispielsweise Fondant oder Marzipan zu weich machen.

QUARK-ÖL-TEIG

Er ist der „schnelle" Bruder des Hefeteigs, denn mit ihm könnt ihr süßes und pikantes Gebäck zubereiten, das ganz ohne Gehzeit sofort in den Ofen darf!
Für einen Kuchen à 12 Stücke 300 g Mehl Type 405, 1 Pck. Backpulver, 80 g Zucker, 150 g Quark, 1 Ei, 60 g Sonnenblumenöl und 20 g Milch in den [Mixtopf] geben. **1 Min. |** [Teigstufe] zu einem Teig verarbeiten.

RICHTIG FRITTIEREN

Benutzt einen Topf auf dem Herd, den ihr nur bis maximal zur Hälfte mit Öl oder Fett füllt. Damit Berliner, Quarkbällchen & Co. schön goldbraun werden, muss das Öl heiß genug sein. Die nötige Temperatur ist erreicht, wenn an einem ins Öl gehaltenen Holzspieß oder Holzlöffel Bläschen aufsteigen. Gebt das Frittiergut immer mit einer Zange oder einem Sieb in das heiße Öl und passt unbedingt auf Spritzer auf. Achtet darauf, dass das Fett nicht zu heiß wird, sonst wird euer Gebäck zu braun.
Die perfekte Temperatur liegt zwischen 140 °C und 175 °C. TIPP: Wie ihr das Fett korrekt entsorgt, erfahrt ihr auf Seite 10.

BESONDERE SPEZIALITÄTEN

Jetzt wird's kreativ in der Backstube! Verzaubert eure Liebsten mit Leckereien aus Blätterteig, Brandteig & Co.

GUT GERÜSTET

Mit dem Thermomix® an eurer Seite seid ihr gut gerüstet und auch anspruchsvolle Teige wie Brandteig oder Blätterteig gelingen euch. Manchmal muss es allerdings auch schnell gehen. Wenn ihr etwa keine Zeit habt, einen schönen Hefeteig herzustellen, könnt ihr fix einen Quark-Öl-Teig (Rezept siehe unten links) zaubern, mit ihm könnt ihr auch viele Rezepte von den Seiten 36 bis 59 ersetzen. Streusel- oder Butterkuchen sind so um einiges schneller fertig. Auch ist es völlig in Ordnung, wenn ihr mal fertigen Blätterteig verwendet für Strudel & Co. Mit einer selbst gemixten Füllung wird das Ergebnis eure Gäste dennoch begeistern.

SAUBER UND GENAU

Wer viel backt, für den lohnt sich die Anschaffung einer Teigmatte aus Silikon, besonders praktisch sind solche, die mit Maßangaben versehen sind, um sich daran für bestimmte Längen oder Breitenangaben zu orientieren. Auch eine Teigkarte hilft dabei, selbst klebrige Teige zu zerteilen oder von der Arbeitsfläche zu lösen. Beides findet ihr unter www.zaubertopf-shop.de

BRANDTEIG

Viele trauen sich an die Köstlichkeiten, die mit Brandteig zubereitet werden, nicht heran. Denn im herkömmlichen Kochtopf kann's auch schnell mal anbrennen, oftmals wird der Teig anschließend nicht fluffig oder die Windbeutel wollen einfach nicht aufgehen. Mit eurem Thermomix® und unserem Rezept habt ihr diese Sorgen nicht! Die Zubereitung von Eclairs, Windbeuteln und Co. gelingt euch mit der Unterstützung eures Zaubertopfs wie dem Chef der Patisserie. So könnt ihr bei der nächsten Kaffeerunde beeindrucken!

Für 1 Teig für 12 Stücke 100 g Butter in Stücken mit 125 g Wasser, 125 g Milch sowie 1 Prise Salz in den geben und **4 Min. | 100 °C | Stufe 1** erhitzen. 150 g Mehl Type 405 sowie 1 Msp. abgeriebene Zitronenschale zufügen, **30 Sek. | Stufe 5** und **1 Min. | Stufe 3** verrühren. Den Teig abkühlen lassen und die Eier einzeln jeweils **20 Sek. | Stufe 4** unterrühren. Anschließend nach Rezept weiterverarbeiten.

> **TIPP** Als Füllung passen Schlagsahne, Schokoladenganache und vieles mehr!

PROBIERT ALLES AUS!

FÜLLUNGEN

Eclairs, Windbeutel und Berliner könnt ihr mit Ganache, Pudding- oder Mascarponecreme, Schlagsahne oder Fruchtmus füllen. Viele passende Basis-Rezepte findet ihr in diesem Buch. Gebäckspritzen oder Spritzbeutel mit Tülle eignen sich prima.

SPRITZBEUTEL FÜLLT EINEN GEFRIERBEUTEL ZUR HÄLFTE MIT DEM TOPPING. NUN ZUDREHEN, DANN EINE KLEINE ECKE AM BODEN ABSCHNEIDEN, SCHON KANN'S LOSGEHEN.

GEMAHLENE MANDELN

Geschälte und ungeschälte Mandeln könnt ihr selbst mahlen. Etwa 100 g Mandelkerne:

15 SEK. | STUFE 10

MANDEL-MACARONS MIT SCHOKOFÜLLUNG

02 00 std : min

PRO STÜCK: 94 KCAL | 2 G E | 4 G F | 13 G KH
ZZGL. 1 TAG RUHEZEIT
ZUTATEN FÜR 25 STÜCK

- **110 g geschälte Mandelkerne**
- **230 g Zucker**
- **3 Eiweiß**
- **1 Prise Salz**
- **15 g Butter zzgl. etwas mehr zum Fetten**
- **100 g Zartbitterkuvertüre, in Stücken**
- **60 g Sahne**

1 Die Mandeln in den geben, **15 Sek.** | **Stufe 10** mahlen und umfüllen. 200 g Zucker in den geben und **30 Sek.** | **Stufe 10** pulverisieren. Mit den Mandeln mischen und mehrmals in eine weitere Schale sieben. Den gut reinigen.

2 Den Rühraufsatz in den fettfreien einsetzen. Eiweiße mit Salz in den geben und **3 Min.** | **Stufe 4** steif schlagen. Den übrigen Zucker **1 Min.** | **Stufe 4** durch die Deckelöffnung einrieseln lassen. Den Rühraufsatz entfernen und die Puderzucker-Mandel-Mischung vorsichtig mit dem unterheben. Die Masse in einen Spritzbeutel mit großer Lochtülle füllen.

3 Bleche mit Backpapier belegen, dabei das Backpapier mit etwas Butter am Blech befestigen. Mit etwas Abstand zueinander kleine Taler (Ø ca. 3 cm) auf die Bleche spritzen. Anschließend vorsichtig mit einer Hand von unten gegen die Bleche klopfen, sodass eventuelle Luftbläschen aus der Masse entweichen können. Die Bleche bei Zimmertemperatur 50 Min. stehen lassen. Kurz vor Ende der Ruhezeit den Backofen auf 140 °C Umluft vorheizen.

4 Die Bleche in den Ofen geben und die Macarons darin 13–15 Min. trocknen lassen. Aus dem Ofen nehmen, gut abkühlen lassen und dann ca. 1 Tag in einer verschlossenen Dose ziehen lassen.

5 Für die Füllung die Kuvertüre in den geben und **10 Sek.** | **Stufe 6** zerkleinern. Mit dem nach unten schieben. Butter und Sahne hinzugeben und **5 Min.** | **50 °C** | **Stufe 3** schmelzen. Umfüllen und etwas erkalten lassen. Sobald die Ganache fester zu werden beginnt, diese in einen Spritzbeutel füllen und auf die Hälfte der Taler spritzen, mit einem weiteren Taler bedecken. Komplett erkalten lassen und servieren.

>**TIPP** Bei Macarons gilt: Das Rezept für perfektes Gelingen genau befolgen. Wichtig ist, dass ihr Mandeln und Puderzucker fein siebt und dass ihr diese Mischung wirklich sehr vorsichtig unter den Eischnee hebt, damit die Macaron-Masse genau so luftig wird wie gewünscht.

DONUTS OHNE FRITTIEREN

00 40
std : min

PRO STÜCK: 266 KCAL | 5 G E | 14 G F | 31 G KH
ZZGL. 50 MIN. RUHEZEIT
ZUTATEN FÜR 12 STÜCK

- **125 g Milch**
- **40 g Zucker**
- **1 Pck. Trockenhefe**
- **75 g weiche Butter, in Stücken, zzgl. etwas mehr zum Fetten der Form**
- **1 TL Vanillezucker**
- **1 Prise Salz**
- **300 g Mehl Type 405**
- **2 Eier**
- **200 g (Zartbitter-)Schokolade, in Stücken**

1 | Milch, Zucker und Hefe in den Mixtopf geben, **3 Min.** | **37 °C** | **Stufe 1** erwärmen. Butter mit den restlichen Zutaten, bis auf die Schokolade, zufügen und **2 Min.** | **Stufe 4** zu einem glatten Teig verarbeiten. Teig in eine Schüssel geben und 30 Min. an einem warmen Ort gehen lassen.

2 | Den Teig vorsichtig mit den Händen in die gewünschte Donutform bringen oder in eine gefettete Donutform (alternativ in eine Form für Mini-Gugelhupfe) geben und darin verteilen, weitere 20 Min. gehen lassen. Den Backofen auf 150 °C Ober-/Unterhitze vorheizen. Die Donuts darin ca. 15 Min. backen, dann auskühlen lassen.

3 | Schokolade in den Mixtopf geben, **5 Sek.** | **Stufe 8** zerkleinern, mit dem Spatel nach unten schieben und dann **3 Min.** | **50 °C** | **Stufe 2** schmelzen. In eine flache Schüssel umfüllen.

4 | Die Donuts von einer Seite in die Schokolade tauchen, trocknen lassen und servieren.

>OHNE FRITTIEREN Klassischerweise werden Donuts im heißen Fett frittiert. Hier zeigen wir euch, dass man auch ohne heißes Fett wunderbar lockere Donuts zaubern kann – und so auch ein paar Kalorien spart.

>TIPP Um wohlgeformte Donuts zu backen, könnt ihr auch eine spezielle Backform verwenden. Ihr bekommt Bleche und Silikonbackformen mit entsprechenden Mulden für normal große Donuts, aber auch für viele kleine Mini-Donuts.

EASY

APFELSTRUDEL

00 45 std : min

PRO STÜCK: 415 KCAL | 5 G E | 27 G F | 40 G KH
ZUTATEN FÜR 8 STÜCKE

- 20 g Zitronensaft
- 2 säuerliche Äpfel, in Stücken
- 50 g Walnusskerne
- 50 g Zucker
- 1 TL Zimtpulver
- 1 Msp. Pimentpulver
- einige Gewürznelken
- 70 g Rosinen
- 100 g Butter
- 100 g Semmelbrösel
- 1 Rolle frischer Blätterteig
- 1 Eigelb
- Puderzucker zum Bestäuben

1 | Zitronensaft, Äpfel, Walnusskerne, Zucker, Zimt, Piment sowie Gewürznelken in den geben und mithilfe des **20 Sek.** | **Stufe 4** zerkleinern. Rosinen zufügen und **10 Sek.** | | **Stufe 2** unterrühren, umfüllen. Die Butter in den geben und **3 Min.** | **60 °C** | **Stufe 1** schmelzen. Semmelbrösel zufügen, ohne Messbecher **5 Min.** | **120 °C** **[TM31 bitte Varoma®]** | **Stufe 1** rösten. Den Backofen auf 190 °C Ober-/Unterhitze vorheizen.

2 | Blätterteig auf einem mit Backpapier belegten Blech ausbreiten. Einen etwa 3 cm breiten Streifen von der kürzeren Seite abschneiden und beiseitelegen. Etwa ¾ der Butterbrösel auf dem Teig verteilen, die Apfelmischung daraufgeben. Restliche Butterbrösel darüberstreuen. Lasst beim Befüllen des Teiges links und rechts einen Rand und schlagt die Seitenränder großzügig ein, so läuft die Füllung beim Backen nicht aus.

3 | Eigelb mit 3 EL Wasser verquirlen, Ränder des Teigs bestreichen. Außenseiten des Teigs über die Füllung klappen und fest zusammenrollen. Aus dem übrigen Teigstreifen Sterne ausstechen und diese auf dem Strudel verteilen. Strudel mit restlichem Eigelb bestreichen und im unteren Drittel des Backofens 25 Min. backen. Strudel mit Puderzucker bestäuben.

>SCHNELL VORBEREITET Diesen Apfelstrudel gebt ihr nach nur 20 Minuten Zubereitungszeit in den Ofen, nach weiteren 25 Minuten Backzeit kann er heiß, zum Beispiel mit einer Kugel Vanilleeis, serviert werden. So eignet sich dieser heiße Strudel auch für spontane Gäste.

QUARKBÄLLCHEN

00 30 std : min

LOW CARB LOW FAT

PRO STÜCK: 91 KCAL | 2 G E | 5 G F | 10 G KH
ZUTATEN FÜR 30 STÜCK

- **50 g weiche Butter, in Stücken**
- **2 Eier**
- **100 g Zucker**
- **10 g selbst gemachter Vanillezucker (siehe Seite 11)**
- **1 Prise Salz**
- **Abrieb von 1 unbehandelten Zitrone**
- **250 g Quark**
- **200 g Mehl Type 405**
- **50 g Stärke**
- **½ Pck. Backpulver**
- **etwa 1000 g Sonnenblumenöl zum Frittieren**
- **½ TL Zimtpulver**

1 | Butter, Eier, 50 g Zucker, Vanillezucker und Salz im **1 Min.** | **Stufe 5** schaumig schlagen. Zitronenabrieb und den Quark **30 Sek.** | **Stufe 5** unter die Eimasse rühren. Mehl, Stärke sowie Backpulver zufügen und alles **1 Min.** | **Stufe 5** zu einem glatten Teig verrühren.

2 | Das Sonnenblumenöl in einem Topf auf etwa 170 °C erhitzen. Mit zwei Esslöffeln aus dem Teig kleine Kugeln formen und vorsichtig ins heiße Sonnenblumenöl setzen. Es sollten nicht zu viele Bällchen auf einmal gebacken werden, da ansonsten die Temperatur des Öls zu stark absinkt. Die Quarkbällchen goldbraun ausbacken, dabei zwischendurch mit einem Holzstäbchen wenden. Dann mithilfe einer Schaumkelle aus dem Öl heben und auf Küchenpapier etwas abtropfen lassen.

3 | Zimtpulver und den restlichen Zucker in einer flachen Schüssel mischen, anschließend die noch warmen Quarkbällchen darin wälzen. Die Quarkbällchen sofort servieren.

>**TIPP** Damit Mutzen, Berliner und Quarkbällchen schön goldbraun und knusprig werden, muss das Öl heiß genug sein. Die nötige Temperatur ist erreicht, wenn an einem ins Öl gehaltenen Holzlöffel Bläschen aufsteigen.

EASY

QUARKSTRUDEL MIT KIRSCHEN

00 50
std : min

PRO PORTION: 458 KCAL | 10 G E | 24 G F | 52 G KH
ZZGL. 1 STD. RUHEZEIT
ZUTATEN FÜR 6 PERSONEN

- 140 g Zucker
- 250 g Milch
- ½ Pck. Vanillepuddingpulver
- 40 g Weichweizengrieß
- 250 g Quark
- 1 Ei
- 1 Rolle Blätter- oder Strudelteig (Kühlregal)
- 150 g Kirschen, entsteint
- 1 Eigelb
- 2 EL Wasser

1 | Zucker in den geben und **15 Sek.** | **Stufe 10** pulverisieren. Mit dem nach unten schieben. 1 EL Puderzucker zum Bestäuben abnehmen und beiseitestellen. Milch, Puddingpulver und Grieß zum Zucker in den geben und **5 Min.** | **100 °C** | **Stufe 1** aufkochen, anschließend ca. 1 Std. vollständig abkühlen lassen.

2 | Backofen auf 180 °C Umluft vorheizen. Quark und Ei zur kalten Grießmasse geben und mithilfe des **15 Sek.** | **Stufe 3** unterrühren. Blätterteig auf einem feuchten Geschirrtuch auslegen. Die Masse der Länge nach darauf verteilen. Mit Kirschen belegen und mithilfe des Tuchs vorsichtig einrollen.

3 | Strudel mit einer Gabel mehrfach einstechen. Eigelb mit 2 EL Wasser verrühren, den Strudel damit bestreichen und 25–30 Min. backen. Mit Folie abdecken, sollte er zu dunkel werden. Nach dem Backen mit dem beiseitegestellten Puderzucker bestreuen. Quarkstrudel in Scheiben geschnitten servieren.

> VARIANTE Anstelle eines großen Strudels können auch z. B. 4 kleine Strudel zubereitet werden. Dafür einfach den Teig, die Füllung und die Kirschmenge gleichmäßig vierteln und die Backzeit um 5–10 Min. verkürzen. So könnt ihr die kleinen Strudel beispielsweise als Dessert servieren.

MINI-BERLINER

00 45 std : min

PRO STÜCK: 276 KCAL | 5 G E | 13 G F | 35 G KH
ZZGL. 1 STD. RUHEZEIT
ZUTATEN FÜR 16 STÜCK

- **125 g Milch**
- **100 g Butter, in Stücken**
- **1 Pck. Trockenhefe**
- **30 g Zucker zzgl. etwas mehr zum Wälzen**
- **½ TL Salz**
- **500 g Mehl Type 405 zzgl. etwas mehr zum Bearbeiten**
- **2 EL selbst gemachter Vanillezucker (siehe Seite 11)**
- **2 Tropfen Rumaroma**
- **2 Eier**
- **1 Eigelb**
- **etwa 1000 g Sonnenblumenöl zum Ausbacken**
- **300 g Pflaumenkonfitüre**

1 | Milch, Butter, Hefe, Zucker sowie Salz in den geben und **2 Min.** | **37 °C** | **Stufe 2** erwärmen. Das Mehl, Vanillezucker, Rumaroma, Eier und Eigelb zufügen, **2 Min. 30 Sek.** | zu einem geschmeidigen Teig verkneten. In eine Schüssel umfüllen und zugedeckt an einem warmen Ort etwa 30 Min. gehen lassen.

2 | Den Teig auf einer leicht bemehlten Arbeitsfläche kräftig durchkneten und etwa 1 cm dick ausrollen. 16 Kreise (Ø ca. 7 cm) ausstechen. Die Teigkreise zwischen 2 mit Mehl bestäubten Tüchern etwa 30 Min. gehen lassen.

3 | Das Fett in einen Topf oder eine Fritteuse geben und auf 175 °C erwärmen. Die Teigkreise portionsweise in das siedende Fett geben, von beiden Seiten goldbraun backen. Mit einer Schaumkelle herausheben und auf Küchenpapier abtropfen lassen.

4 | Die Pflaumenkonfitüre in einen Spritzbeutel mit kleiner, langer Lochtülle füllen und seitlich in den hellen Rand der Berliner spritzen. Die gefüllten Berliner noch warm in etwas Zucker wälzen und vollständig auskühlen lassen.

> **TAUSENDSASSA** In Hessen sagt man Kräppel, in Bayern ist er als Krapfen bekannt, die Rheinländer lieben ihre Berliner und in der Hauptstadt selbst verspeist man gerne Pfannkuchen, nicht zu verwechseln mit dem dortigen Eierkuchen. Und doch meinen sie alle dasselbe: leckeres Fettgebäck!

ECLAIRS

01 | 10 std : min

PRO STÜCK:135 KCAL | 3 G E | 10 G F | 8 G KH

ZZGL. 10 MIN. RUHEZEIT

ZUTATEN FÜR 12 STÜCK

- 125 g Wasser
- 50 g Butter, in Stücken
- 1 TL Zucker
- 1 Prise Salz
- 75 g Mehl Type 405
- 1 Msp. Backpulver
- 2 Eier
- 1 Eigelb
- 5 EL Johannisbeerkonfitüre
- 200 g Sahne
- 1 Pck. Sahnesteif
- 1 TL selbst gemachter Vanillezucker (siehe Seite 11)

1 | Wasser, Butter, Zucker sowie Salz in den geben, **4 Min.** | **100 °C** | **Stufe 2** aufkochen. Mehl mit Backpulver hinzufügen und **2 Min.** | **Stufe 4** verrühren. Anschließend etwa 10 Min. abkühlen lassen.

2 | **2 Min.** | **Stufe 5** einstellen und die Eier sowie das Eigelb nach und nach durch die Deckelöffnung des auf das laufende Messer geben. Dann die Masse nochmals **30 Sek.** | **Stufe 5** vermengen.

3 | Backofen auf 200 °C Ober-/Unterhitze vorheizen. Den Teig in einen Spritzbeutel mit Sterntülle füllen und 12 etwa 8 cm lange Streifen auf ein mit Backpapier belegtes Blech spritzen. Im Backofen in etwa 25 Min. goldbraun backen. Herausnehmen und noch warm waagerecht aufschneiden. Die Innenseiten dünn mit Konfitüre bestreichen.

4 | Den kalt ausspülen und trocknen. Rühraufsatz einsetzen. Die Sahne mit Sahnesteif sowie Vanillezucker in den geben und auf **Stufe 3,5** bis zur gewünschten Festigkeit steif schlagen. Sahne in einen Spritzbeutel füllen und auf die unteren Eclairteile spritzen. Die Deckel aufsetzen und die Eclairs servieren.

>**BRANDTEIG** Euer Teig hat die perfekte Konsistenz, wenn er sich langsam vom löst und dabei dehnt. Wenn er zu kompakt ist, fällt er in großen Stücken vom herunter. Dann fügt ihr einfach noch vorsichtig ein verquirltes Ei hinzu. Anstelle der länglichen Eclairs könnt ihr natürlich auch runde Formen aufs Blech setzen und diese befüllen. Für Windbeutel dann die Teilchen nicht aufschneiden, sondern mit einer Spritztülle das Innere mit Pudding oder Sahne befüllen.

KIRSCHKUCHEN MIT QUARK-ÖL-TEIG

01 20 std : min

PRO STÜCK: 279 KCAL | 5 G E | 12 G F | 38 G KH
ZUTATEN FÜR 20 STÜCKE

FÜR DIE STREUSEL

- 250 g Mehl Type 405
- 125 g kalte Butter, in Stücken
- 125 g Zucker
- ½ TL Zimtpulver

FÜR DEN TEIG

- 300 g Mehl Type 405
- 1 Pck. Backpulver
- 80 g Zucker
- 150 g Quark
- 1 Ei
- 60 g Sonnenblumenöl
- 20 g Milch

FÜR DEN BELAG

- 500 g Milch
- 1 Pck. Vanillepuddingpulver
- 20 g Zucker
- 200 g Schmand
- 700 g Kirschen, entsteint

1 | Für die Streusel Mehl, Butter, Zucker sowie Zimt in den geben und **15 Sek.** | **Stufe 5** zu Streuseln verarbeiten. Aus dem nehmen, mit den Händen erneut verkneten und in einer Schüssel bis zur weiteren Verwendung im Kühlschrank aufbewahren. spülen.

2 | Den Backofen auf 180 °C Ober-/Unterhitze vorheizen. Den Boden eines Blechs mit Backpapier auslegen. Nun für den Quark-Öl-Teig Mehl, Backpulver, Zucker, Quark, Ei, Öl und Milch in den geben, **1 Min.** | zu einem Teig verarbeiten. Den Teig auf das Backblech geben und gleichmäßig am Boden andrücken. Den spülen.

3 | Den Rühraufsatz einsetzen. Milch, Vanillepuddingpulver sowie Zucker in den geben und **7 Min.** | **100 °C** | **Stufe 2** aufkochen. Etwas abkühlen lassen und den Schmand zufügen. **10 Sek.** | **Stufe 3** unterrühren.

4 | Die Pudding-Schmand-Masse auf dem Quark-Öl-Teig verstreichen und die Kirschen darüber verteilen. Den Streuselteig in Bröseln darübergeben und im vorgeheizten Ofen etwa 50 Min. backen.

>VARIANTENREICH Dies ist einer der wandlungsfähigsten Kuchen in der heimischen Backstube. Ihr könnt die Kirschen jederzeit durch anderes Obst eurer Wahl ersetzen. Toll schmecken etwa säuerliche Beeren wie etwa Stachelbeeren und Himbeeren, natürlich könnt ihr auch Äpfel, Birnen und Pflaumen als Ersatz für Kirschen nehmen. Pfirsiche oder Aprikosen machen sich ebenso gut. Idee: Gebt je 1 EL Kakao an Teig und Streusel, schon ist der Kuchen schokoladig!

>QUARK-ÖL-TEIG Dank der Zutaten wie Quark, Öl und Ei bleibt der Kuchen nach dem Backen schön saftig. Vom Geschmack und der Weiterverarbeitung her ähnelt er Hefeteig, jedoch entfällt die Ruhezeit. Im Gegensatz zum Hefeteig wird er nur kurz im Thermomix® zu einem Teig verarbeitet, so bleibt er schön locker.

EASY

mein ZauberTopf

mein ZauberTopf

KURZANLEITUNGEN

Hier seht ihr auf einen Blick, auf welche Weise ihr eure Grundzutaten verarbeiten könnt und welche Stufeneinstellung dafür jeweils die richtige ist

PRODUKT	BASIS-FUNKTION	MENGE	FORM/HINWEIS	ZEIT + STUFE	Z.B. FÜR
Agar-Agar	Auflösen	1 Pck. Agar-Agar + 50 g Wasser	Pulver	2 Min. | 70 °C | Stufe 2	Torten
Butter	Schlagen	200 g Butter	weich und in Stücken (ggf. mit Zucker)	2 Min. | Stufe 3	luftigen Teig
Butter	Zerlassen	70 g Butter	in Stücken	1 Min. 30 Sek. | 80 °C | Stufe 1	Soße, Teig
Eier	Eischnee	4 Eiweiß (+ 200 g Zucker)	Der muss absolut fettfrei sein. Mit eingesetztem Rühraufsatz	Stufe 3,5 ohne Zeiteinstellung unter Sichtkontakt, währenddessen den Zucker einrieseln lassen.	Biskuitteig
Eier	Verquirlen	3 Eier	roh (ohne Schale)	15 Sek. | Stufe 3,5	Eierspeisen, Teig
Früchte	Auftauen	100 g Früchte + 500 g Wasser	gefroren, in einem Gefrierbeutel im Garkorb, Wasser im	12 Min. | Varoma® | Stufe 2	Konfitüre, Smoothie, Fruchtsoße
Früchte	Entsteinen	Max. 1400 g Kirschen + 1 EL Zitronensaft	frisch, nach dem Zerkleinern durch ein Sieb oder den Garkorb streichen	3 Min. | Stufe 4	Konfitüre, Kompott
Früchte	Garen	600 g Wasser + 200 g Früchte	frisch, auf Einlegeboden	20 Min. | Varoma® | Stufe 2	Fruchtmus
Früchte	Pürieren	200 g Früchte	gefroren oder frisch, ggf. mit etwas Flüssigkeit	20 Sek. | | Stufe 8	Smoothie, Fruchtsoße
Früchte	Zerkleinern	200 g Früchte	frisch, in Stücken	Stufe 3–5 ohne Zeiteinstellung unter Sichtkontakt	Fruchtmus
Gelatine	Verrühren	8 Blatt Gelatine + 1000 g Creme (z. B. Quarkcreme)	Gelatine eingeweicht, ausgedrückt und bei niedriger Hitze im Topf aufgelöst	3 EL Creme in Topf geben und unterrühren, Creme im Topf 1 Min. | Stufe 4 mixen, Gelatinemasse zügig zugießen	Füllungen, Torten, Desserts
Getreide	Mahlen	250 g Getreide	ganze Getreidekörner	1 Min. | Stufe 10	Backwaren
Getreide	Schroten, fein	250 g Getreide	ganze Getreidekörner	40 Sek. | Stufe 10	Backwaren
Getreide	Schroten, grob	250 g Getreide	ganze Getreidekörner	20 Sek. | Stufe 10	Backwaren
Götterspeise	Aufkochen	500 g Wasser, 60 g Zucker + 1 Pck. Götterspeise	Pulver	5 Min. | 100 °C | Stufe 1, dann Pulver zugeben und 1 Min. | Stufe 3	Desserts, Torten
Gewürze	Mahlen	Mind. 20 g Gewürze	getrocknet	1 Min. | Stufe 10	würzen von Speisen
Grieß	Garen	120 g Milch, 10 g Zucker, 15 g Butter, 1 Prise Salz, 1 Ei, 75 g Grieß	Grieß erst nach Ablauf der Zeit einrieseln lassen und Stufe 4 weiterrühren, bis sich die Masse vom Topfboden löst	4 Min. | 100 °C | Stufe 4	Desserts

PRODUKT	BASIS-FUNKTION	MENGE	FORM/HINWEIS	ZEIT + STUFE	Z.B. FÜR
Hafer	Mahlen	100 g Haferflocken	Haferflocken	10 Sek. | Stufe 10	Teig
Hefe	Erwärmen	120 g Milch, 20 g Hefe + 50 g Zucker	frische Hefe	3 Min. | 37 °C | Stufe 2	Hefeteig
Kaffee	Mahlen	250 g Kaffee	ganze Bohnen	40 Sek. | Stufe 10	Kaffeepulver
Kaffee	Kochen	3–4 EL + 1000 g aufgekochtes Wasser	Kaffeepulver	7 Min. | 100 °C | Stufe 1	Kaffee
Kekse	Zerkleinern	200 g Butterkekse oder Löffelbiskuit	in Stücken	6 Sek. | Stufe 8	Kühlschrankkuchen
Kokosnuss	Mahlen	200 g	Raspel	15 Sek. | Stufe 10	Teige, Garnitur
Mandeln	Hacken	100 g Mandeln	ganze Mandelkerne, mit Schale oder blanchiert	3 Sek. | Stufe 7	Krokant
Mandeln	Mahlen	100 g Mandeln	ganze Mandelkerne, mit Schale oder blanchiert	7 Sek. | Stufe 8	Marzipan, Teig
Milch	Aufschäumen	200 g H-Milch (1,5 % Fett) + 1–2 Eiswürfel	Der muss absolut fettfrei sein!	Eis 10 Sek. | Stufe 10 zerkleinern, Milch zugeben, 4 Min. | Stufe 3,5 aufschäumen. Dann Schaum 3 Min. bzw. 8 Min. | 90 °C | Stufe 2 erwärmen.	Desserts, Getränke
Milch	Erwärmen	200 g bzw. 1000 g Milch	Nach Belieben mit Kakaopulver	4 Min. | 80 °C | Stufe 2 bzw. 8 Min. | 80 °C | Stufe 2	Desserts, Soßen
Mohn	Mahlen	300 g Mohn	Mohnsaat	20 Sek. | Stufe 10	Desserts
Nüsse	Hacken, fein	200 g Nüsse	ganze Nusskerne	4 Sek. | Stufe 6	Teige
Nüsse	Hacken, grob	200 g Nüsse	ganze Nusskerne	3 Sek. | Stufe 5	Krokant
Nüsse	Mahlen	200 g Nüsse	ganze Nusskerne	12 Sek. | Stufe 7	Nussbiskuit
Nüsse	Mus	400 g Nüsse	ganze Nusskerne	20 Sek. | Stufe 8, danach 2 Min. | Stufe 4	Nussmus, Aufstrich
Puddingpulver	Aufkochen	Puddingpulver + 500 g Milch	1 Pck. oder 100 g selbst gemachtes Puddingpulver	10 Sek. | Stufe 8, dann 10 Min. | 100 °C | Stufe 1	Füllungen
Sahne	Steif schlagen	mind. 200 g Sahne	mit eingesetztem Rühraufsatz	Stufe 3,5 ohne Zeiteinstellung unter Sichtkontakt	Desserts, Dekor
Schokolade	Hacken, grob	200 g Schokolade	in Stücken	4 Sek. | Stufe 6	Schokostückchen für Teig
Schokolade	Hacken, medium	200 g Schokolade	in Stücken	4–5 Sek. | Stufe 7	Schokostückchen für Teig
Schokolade	Pulverisieren	200 g Schokolade	in Stücken	10 Sek. | Stufe 8	Glasur, Dekoration

PRODUKT	BASIS-FUNKTION	MENGE	FORM/HINWEIS	ZEIT + STUFE	Z.B. FÜR
Schokolade	Schmelzen	200 g Schokolade + 2 EL Kokosöl	in Stücken	4 Min. | 60 °C | Stufe 2	Glasur
Schokolade	Schmelzen im Spritzbeutel	bis zu 100 g Kuvertüre + 500 g Wasser im	in Stücken	12 Min. | Varoma® | Stufe 1	Glasur, Dekoration
Trockenfrüchte	Zerkleinern	50 g Trockenfrüchte	entsteint	5 Sek. | Stufe 6	Füllungen, Desserts
Zimt	Pulverisieren	100 g Zimtstange	Der muss trocken sein	30 Sek. | Stufe 10	Zimtpulver
Zucker	Mixen	200 g Zucker + 1 Vanilleschote oder 1 Tonkabohne	Schote halbiert, alternativ zu Zucker Erythrit oder Xylit	30 Sek. | Stufe 10	Vanillezucker, Tonkazucker
Zucker	Pulverisieren	200 g Zucker	Der muss trocken sein	45 Sek. | Stufe 10	Puderzucker, Dekoration
Zucker	Verrühren	200 g Puderzucker + 30 g Zitronensaft oder 1 Eiweiß	alternativ auch mit Wasser möglich	10 Sek. | Stufe 6	Zuckerguss

UNSERE VERWENDETEN SYMBOLE IM ÜBERBLICK

PRAKTISCHE SYMBOLE

Unsere Rezepte sind so geschrieben, dass ihr sie mit dem Thermomix® Schritt für Schritt einfach und gelingsicher nachkochen könnt. Damit ihr beim Backen schnell erfassen könnt, was zu tun ist, haben wir wiederkehrende Funktionen durch die gezeigten Symbole ersetzt.

MIXTOPF

TEIGMODUS

LINKSLAUF

SPATEL

SANFTRÜHRSTUFE

GRUNDTEIGE & GRUNDREZEPTE

NÄHRWERTANGABEN

KCAL – Kilokalorien

g E – Gramm Eiweiß

g F – Gramm Fett

g KH – Gramm Kohlenhydrate

EIGENSCHAFTEN

Ob ein Rezept eure Ernährungskriterien erfüllt, erkennt ihr, wenn das entsprechende Symbol eingefärbt ist.

VEGETARISCH

VEGAN

GLUTENFREI

LOW FAT FETTARM

LOW CARB KOHLENHYDRATARM

LAKTOSEFREI

KALORIENARM

REZEPTREGISTER

IMPRESSUM

„mein ZauberTopf mixt! Basis-Backbuch. Lieblingsrezepte für den Thermomix®"
ist eine Publikation aus dem Hause falkemedia

Herausgeber
falkemedia GmbH & Co. KG,
K. A. Goukassian (v. i. S. d. P.)

„mein ZauberTopf" ist eine unabhängige Publikation aus dem Hause falkemedia und steht in keinerlei Verbindung zu den Unternehmen der Vorwerk-Gruppe. Die Marken Thermomix®, TM5® und Varoma® sowie die Produktgestaltungen des Thermomix® sind eingetragene Marken der Unternehmen der Vorwerk-Gruppe. Für die Rezeptangaben in **„mein ZauberTopf"** ist ausschließlich falkemedia verantwortlich.

Haftungsausschluss
Für Fehler im Text, in Schaltbildern, Aufbauskizzen usw., die zum Nichtfunktionieren führen, wird keine Haftung übernommen.

falkemedia

Datenschutz
Jürgen Koch
(datenschutzanfrage@falkemedia.de),
falkemedia GmbH & Co. KG, Abt. Datenschutz, An der Halle 400 #1, 24143 Kiel

Fotos | iStock/Getty Images Plus:
S. 11 rasilja; S. 13 Marcus Z-pics ; S. 14 Panagiotis Kyriakos; S. 60 ArxOnt; MariaRaz S. 61 Antonina Koreneva; Inkanya Anan-kitrojana; S. 87 yurhus; ArxOnt ; S. 100 Floortje; Volodymyr Kryshtal; S. 132 ipuwadol; S. 154 nevodka; S. 172 Tatyana Consau; S. 173 SherSor; S. 204 SMarin; S. 205 Alona Likhachova; S. 223 Gizelka; S. 237 arinahabich; dionisvero | **Shutterstock.com:** S. 86 /thefoodphotographer; S. 133 Anna_Pustynnikova; S. 155 Billion Photos | **StockFood:** S. 57 Gräfe & Unzer Verlag/Jörn Rynio; S. 204 PhotoCuisine; S. 231Profimedia; S. 236 Klambt Style-Verlag/Jan C. Brettschneider **Sonstige:** falkemedia; Archiv; Marleen Menk

Illustrationen | iStock/Getty Images Plus:
S. 14 Vasilyevalara; S. 60 Elena Komonina; S. 101 Volodymyr Kryshtal; S. 118 bortonia; S.122 vectorikart; S. 132 ipuwadol; S.172 nice17; S. 181 cat_arch_angel; S. treemouse; S. 223 Gizelka | **Shutterstock:** S. 15 Ermak Oksana; S. 45 + S. 204 Katy Flaty, Alexandra Dikaia; S. 75 + S. 93 Zhe Vasylieva; S. 155 Billion Photos; S. 180 Voropaev Vasiliy; S. 189 vectorisland; S. 237 zizi_mentos **Sonstige:** falkemedia; Archiv

Redaktion
Vivien Koitka (Chefredakteurin), Hannah Hold (in Elternzeit), Dr. Tanja Lindauer, Svenja Rudolf. Rezepte: Madeline Bartsch, Charlotte Heyn, Sven Hoevermann, Vera Schubert, Lukas Lotzing. CvD: Tina Richter. Druckmanagement: Alexandra Jürgensen

Food-Fotografie
Frauke Antholz, Tina Bumann, Marie-Therese Cramer, Anna Gieseler, Jorma Gottwald, Sophia Handschuh, Kathrin Knoll, Katharina Küllmer Ira Leoni, Alexandra Panella, Désirée Peikert

Lektorat
SchlussBlick

Grafik und Bildbearbeitung
Lara Klemm, Lisza Lange, Sara Wegner, Nele Witt

Verlag
falkemedia GmbH & Co. KG
An der Halle 400 #1, 24143 Kiel
Tel. (0431) 200 766-00
Fax (0431) 200 766-50
HRA 8785 Amtsgericht Kiel

www.falkemedia.de
www.zaubertopf.de

Druck
optimal media GmbH
www.optimal-media.com

1. Auflage September 2021
ISBN: 978-3-96417-140-5

IM ZAUBERTOPF
GELINGEN ALL DIE
SÜSSEN TRÄUME